AUMENTE SUA COMPETÊNCIA CRIATIVA

MANEIRAS DE OBTER SOLUÇÕES COM IMAGINAÇÃO

"Todos somos gênios pelo menos uma vez ao ano. Os verdadeiros gênios simplesmente têm suas ideias brilhantes mais perto umas das outras."

Georg Christoph Lichtenberg, físico (1742–1799)

PENSAMENTO EFICAZ

AUMENTE SUA COMPETÊNCIA CRIATIVA

MANEIRAS DE OBTER SOLUÇÕES COM IMAGINAÇÃO

ROB EASTAWAY

PubliFolha

Out of the Box foi publicado originalmente no Reino Unido
e na Irlanda em 2007 pela Duncan Baird Publishers Ltd.,
Castle House, 6º andar, 75-76 Wells Street, Londres W1T HQ

Copyright © 2007 Duncan Baird Publishers
Copyright do texto © 2007 Rob Eastaway
Copyright da arte © 2007 Duncan Baird Publishers
Copyright © 2011 Publifolha – Divisão de Publicações da Empresa Folha da Manhã S.A.

Todos os direitos reservados. Nenhuma parte desta obra pode ser reproduzida, arquivada ou transmitida de nenhuma forma ou por qualquer meio sem a permissão expressa e por escrito da Publifolha – Divisão de Publicações da Empresa Folha da Manhã S.A.

Proibida a comercialização fora do território brasileiro.

COORDENAÇÃO DO PROJETO: PUBLIFOLHA
Editora-assistente: Paula Marconi de Lima
Coordenação de produção gráfica: Mariana Metidieri
Produção gráfica: Rodrigo Andrade

PRODUÇÃO EDITORIAL: ESTÚDIO SABIÁ
Edição: Fernando Nuno
Tradução: Luís Fragoso
Preparação: Olga Sérvulo
Revisão: Valéria Sanalios e Débora Tamayose Lopes
Editoração eletrônica: Carochinha Editorial

EDIÇÃO ORIGINAL: DUNCAN BAIRD PUBLISHERS
Gerente editorial: Caroline Ball
Editora: Katie John
Assistente editorial: Kirty Topiwala
Gerente de arte: Clare Thorpe
Diagramação: Mala Hasset
Ilustrações encomendadas: Bonnie Dain para o Lila Rogers Studio

---

Dados Internacionais de Catalogação na Publicação (CIP)
(Câmara Brasileira do Livro, SP, Brasil)

Eastaway, Rob
   Aumente sua competência criativa : maneiras de obter soluções com imaginação / Rob Eastaway ; [tradução Luís Fragoso]. -- São Paulo : Publifolha, 2011. -- (Série pensamento eficaz)

   Título original: Out of the box.
   ISBN 978-85-7914-313-7

   1. Criatividade 2. Pensamento criativo I. Título. II. Série.

11-06777   CDD-153.35

Índices para catálogo sistemático:

1. Criatividade : Psicologia 153.35
2. Pensamento criativo 153.35

A grafia deste livro segue as regras do Novo Acordo Ortográfico da Língua Portuguesa.

PUBLIFOLHA
Divisão de Publicações do Grupo Folha
Al. Barão de Limeira, 401, 6º andar
CEP 01202-900, São Paulo, SP
Tel.: (11) 3224-2186/2187/2197
www.publifolha.com.br

Este livro foi impresso em julho de 2011 pela Gráfica Corprint em papel offset 90 g/m².

SUMÁRIO

Introdução	8
CAPÍTULO 1 RECONHEÇA A CRIATIVIDADE	12
Caixa? Que caixa?	14
Encontre o caminho da criatividade	20
CAPÍTULO 2 UMA ATITUDE CRIATIVA	24
Mude de rota	26
Identifique os bloqueios pessoais	29
Feedback positivo	31
Evite avaliações prematuras	35
Transforme lamúrias em problemas	36
Além da opinião do especialista	38
O jogo do "E se?"	40
No lugar certo, na hora certa	42
Ganhe confiança	44
Faça!	47
CAPÍTULO 3 COMO CONTORNAR UM PROBLEMA	50
Responda a uma pergunta diferente	52
Olhe o mundo como uma criança	54
Perguntas simples	56
Comece pelo fim	59
Ouça os seus devaneios	60

Compare e diferencie	62
Inverta o problema	65
Exercícios de pensamento lateral	68
INTERLÚDIO: A BAGUNÇA CRIATIVA	70
CAPÍTULO 4 COMO GERAR IDEIAS	74
De onde vêm as ideias?	76
Aqueça sua mente	78
Padrões de pensamento	80
Faça algo completamente diferente	82
Procure uma segunda opinião	83
Pessoas inspiradoras	84
Dobre a realidade	86
De modo figurado	90
Ideia velha + ideia velha = ideia nova	92
Armazene ideias	95
Acaso	96
Quando as palavras colidem	98
Escolha um tema	101
Tenha um plano B	103

CAPÍTULO 5 COMO SER CRIATIVO EM EQUIPE	104
Promova discussões	106
Troque ideias	108
Trabalho em grupos grandes	112
Brainstorming	114
Quando a coisa se torna pessoal	116
Sugira, não imponha	119
Encontre três pontos positivos	121
Procure uma terceira via	124
Veja o lado engraçado	126
CAPÍTULO 6 FAÇA ACONTECER	128
Estabeleça um prazo	130
Combata o desânimo do meio do projeto	132
Planeje-se para o pior	134
Algumas questões para a criatividade	135
Respostas	136
Índice	139
Leitura complementar	144
Site do autor	144
Agradecimentos	144

INTRODUÇÃO

Você escolheu este livro porque quer expandir os seus horizontes. Talvez queira começar uma nova carreira ou desenvolver uma nova habilidade criativa. Talvez busque sair da rotina, tornando sua vida diária mais satisfatória. Aqui você descobrirá estilos de pensamento originais, que podem enriquecer todas as áreas da sua vida. Independentemente de quais sejam seus objetivos, as ideias e as técnicas presentes neste livro podem ajudá-lo a soltar a imaginação, superar desafios e realizar os sonhos mais ambiciosos.

LIGANDO OS PONTOS

Para testar suas habilidades de pensamento, talvez seja bom começar retomando o quebra-cabeça vitoriano que inspirou a famosa frase "*thinking out of the box*" (pensando fora do quadrado ou da caixa). Caso você nunca tenha visto esse quebra-cabeça, aqui está. Desenhe nove pontos formando um quadrado, assim:

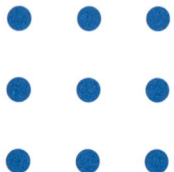

Agora, seu desafio é unir todos os nove pontos usando apenas linhas retas e sem tirar a caneta ou o lápis do papel. Você consegue passar pelo menos uma linha por cada um desses pontos usando apenas quatro traços? Logo você encontrará uma maneira de unir todos os pontos com cinco linhas – por exemplo, assim:

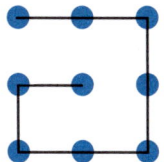

Se você nunca viu esse quebra-cabeça e conseguiu descobrir a solução com quatro linhas, então é acima da média. (Veja a solução clássica, com quatro linhas, na p. 136.)

Por que apenas algumas pessoas conseguem encontrar a resposta com quatro linhas? Elas nos surpreendem porque a maioria das pessoas, ao tentar resolver esse quebra-cabeça (incluindo eu, quando o vi pela primeira vez), vê as bordas do quadrado como uma limitação e mantém todas as linhas dentro desse formato.

É um tanto curioso pensar que todos nós temos a tendência de ser pegos dessa maneira, porém fazemos isso por um motivo. Pensar fora das bordas do quadrado parece pouco eficiente, uma perda de tempo e, para algumas pessoas, algo até irracional. Ainda assim, encontrar uma abordagem que, à primeira vista, pareça "irracional" é a única maneira de descobrir uma solução perfeitamente racional.

Por mais batido que esse quebra-cabeça possa ter se tornado, ainda acho que é um dos melhores exemplos do desafio para pensar de maneira criativa. Fazemos suposições o tempo todo, criando nossas caixas artificiais, e não nos passa pela cabeça que precisamos sair desse vício.

No fim, para pensar "fora da caixa", precisamos nos permitir períodos de "brincadeiras" irracionais, e pelos motivos mais lógicos.

É POSSÍVEL APRENDER A SER CRIATIVO?

Ao embarcar no desafio para pensar de maneira mais criativa, você poderá perceber uma voz de dúvida sussurrando em sua orelha: "Você é realmente capaz de fazer isso? Talvez simplesmente não seja uma pessoa que pensa de um jeito criativo. A criatividade não é um dom com o qual apenas alguns escolhidos nascem?".

Deixe-me destruir esse grande mito da criatividade logo de uma vez. Rotular as pessoas como "criativas" ou "não criativas" pode ajudar tanto quanto rotulá-las de "esportivas" ou "sedentárias". Numa época em que dezenas de cidadãos comuns vivem verdadeiras maratonas pelas cidades, todo mundo admite que também a habilidade esportiva faz parte de um aprendizado e que, com a prática, somos capazes de melhorar, seja qual for a nossa habilidade. Pensar de maneira criativa não difere em nada desse exemplo – é realmente possível aprender a pensar "fora da caixa". Não há mágica porque não estamos falando em inventar uma habilidade nova, mas sim em reaprender uma habilidade que está adormecida em você.

COMO ACENDER A CHAMA DA CRIATIVIDADE

Todos nós nascemos com o dom da criatividade. Quando crianças, experimentamos e desafiamos tudo: "Por que preciso ir à escola?", "Por que não posso ficar acordado até tarde?", "Por que não posso ir até a Lua?".

A sociedade, a escola e até mesmo o trabalho limitam a nossa criatividade. Somos ensinados a encontrar respostas corretas e lógicas e não as respostas criativas que, mesmo inadequadas, vão além dos limites da "normalidade". A maioria de nós já passou pela experiência de expor uma ideia e ouvir as outras pessoas nos dizendo coisas como "Não, isso nunca iria funcionar" ou "Já tentamos fazer isso". Além disso, por causa do estilo de vida frenético do mundo moderno, muitos de nós apenas sentimos não ter tempo para ser criativos, mesmo que desejemos.

Espero que este livro o convença de que vale a pena encontrar espaço no seu dia a dia para ir atrás de sonhos e ideias. Espero que ele também lhe dê confiança e conhecimento para soltar as rédeas de seus talentos adormecidos.

As dicas e as técnicas a seguir devem ajudá-lo, não importa quais sejam suas ambições. No entanto, devo avisar – porque muitos livros sobre criatividade não o fazem – que nem toda técnica serve para todas as situações. Para dar um exemplo extremo: se você está pensando no título para uma newsletter, fazer um brainstorming com um grupo de pessoas pode ajudar. Mas se pensa em escrever um romance, então é melhor usar métodos de inspiração mais solitários. (Até onde eu sei, Charles Dickens não sentou com os amigos, abriu um caderno e disse: "Ok, vamos ter algumas ideias para o capítulo um".)

Não importa qual seja seu desafio criativo, pequeno ou grande, espero que a leitura deste livro o inspire a tentar caminhos novos.

"Quando deixo de ser quem sou, torno-me o que deveria ser."

Lao Tzu (século 6º a.C)

CAPÍTULO 1

RECONHEÇA A CRIATIVIDADE

Caixa? Que caixa? 14
Encontre o caminho da criatividade 20

Para usar a criatividade da melhor maneira, é essencial identificar suas habilidades e ter consciência de qualquer hábito que possa estar atrapalhando. Antes de "pensar fora da caixa", é preciso descobrir qual é a "sua caixa".

Este capítulo começa com alguns exercícios leves. São jogos divertidos que têm a capacidade de mostrar novas possibilidades e alertar para suposições que possam estar limitando suas ideias. Mais adiante, você será encorajado a pensar sobre suas habilidades criativas, até mesmo sobre aquelas que ainda não reconheceu. O capítulo termina com algumas orientações sobre o melhor jeito de usar a criatividade.

CAIXA? QUE CAIXA?

Antes que você consiga sair da caixa, é bom tomar consciência de como é estar dentro dela. Aqui estão alguns exercícios que ilustram os diversos tipos de pensamento "dentro da caixa". Se você se sentir preso por algum desses hábitos, não se assuste – a maioria das pessoas tem os mesmos problemas.

O QUEBRA-CABEÇA DA PISCINA

A família Pereira tinha uma piscina quadrada no quintal. Em cada canto da piscina havia uma árvore. Os Pereira queriam que ela fosse duas vezes maior, mas, ainda assim, quadrada. No entanto, eles não tinham permissão para derrubar as árvores. Como eles resolveram o problema?

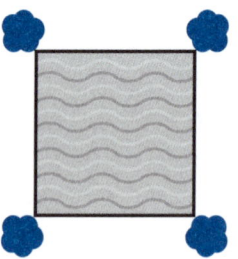

As crianças costumam dar soluções criativas para esse problema, como:
- Coloque as árvores em ilhas e cave ao redor delas.
- Torne a piscina duas vezes mais profunda.
- Construa uma piscina de dois andares com um escorregador.

Essas ideias são ótimas, mas há uma solução mais simples que a maioria das crianças e dos adultos não se dá conta (ver p. 136). Às vezes, basta olhar para o problema por uma perspectiva diferente.

TÃO FÁCIL QUANTO O ABC?
Você pode se surpreender ao notar o quanto suas ideias são influenciadas pelos padrões da sua educação familiar. Experimente resolver:

Se **ABC** ⟶ **ABD**, então **XYZ** ⟶ ?

Pense em uma resposta agora, antes de continuar a ler.

Se sua resposta foi XYA, você pensou o mesmo que a grande maioria dos adultos. Quando o relógio chega ao 12, ele volta para o 1. Muitas pessoas aplicam o mesmo padrão às letras: depois do "Z", elas voltam para o "A". Não há nada de errado com essa resposta, mas não é a única.

Veja as seguintes: XY1; XY e um espaço vazio; XYD; WYZ; XYAA. Elas podem lhe parecer criativas, em especial a resposta XYAA. Como essa pessoa chegou à ideia de acrescentar outra letra?

Simples. A mulher que me deu essa resposta trabalha com planilhas no computador todo dia — e depois da coluna Z vem a coluna AA. Quando eu mostrei a resposta XYA, ela disse: "Ah, gostei dessa... quem pensou nela?". Você pode não ter pensado na mesma resposta que ela, mas ela também não teria pensado na sua. Às vezes, as ideias novas dependem apenas de um novo ponto de vista.

101 UTILIDADES PARA UMA CANETA SEM TINTA

Para este exercício, são necessários lápis, papel e um relógio ou timer de cozinha. Quando estiver pronto, imagine que acabou de receber uma caneta esferográfica barata, feita de plástico transparente. A caneta tem um grande defeito: a tinta acabou. Você tem um minuto para escrever o máximo de sugestões que puder imaginar para dar uma finalidade à caneta sem tinta.

Comece... agora.

- A maioria das pessoas considera esse exercício difícil e não consegue pensar em mais do que três sugestões. A ideia mais comum é: "jogar a caneta fora e se esquecer dela".
- Algumas pessoas encontram quatro ou cinco sugestões. Em geral, pensam em maneiras úteis de reaproveitá-la — por exemplo, fazê--la de varinha para apresentações ou como um instrumento para cavar um buraco.
- Algumas pessoas conseguem muito mais. Eu conheço um cara diferente que conseguiu pensar em 15 sugestões.

Você pode ver os diferentes usos que as pessoas deram à caneta sem tinta na p. 136, e isso é só o começo. Cá entre nós, se tivéssemos tempo, poderíamos achar até mil sugestões.

Seja qual for o desafio, sempre há um grande poço de ideias a explorar, e assim que você reconhecer isso dará um importante passo. Mais adiante, apresentaremos diversas formas para "beber desse poço".

NÃO É APENAS UMA IDEIA BOBA

Em alguns programas de perguntas e respostas da televisão norte-americana, os participantes respondem a perguntas de múltipla escolha. Às vezes, para facilitar a escolha, há uma resposta evidentemente correta, uma ou duas erradas após uma reflexão rápida e uma boba. Com frequência a resposta é tão óbvia que chega a ser um insulto à inteligência — mas cuidado, às vezes a resposta mais boba pode ser a correta. Por exemplo, veja a questão a seguir:

Qual o nome do primeiro supermercado dos Estados Unidos?
- Safeway
- Safe-buy
- Piggly Wiggly

Fundado em 1916, o Piggly Wiggly é bastante conhecido no Sul e no Meio-Oeste do país. O fundador escolheu esse nome exatamente porque parecia bobo. Depois de ouvir as palavras "Piggly Wiggly", fica difícil se esquecer delas, ou do supermercado.

NOMES MALUCOS

Há muitas ideias que parecem bobas à primeira vista mas que, se analisadas, fazem sentido por serem tão memoráveis. As empresas que escolheram nomes como Amazon (o que tem a ver com livros?), Lexus (elegante, mas não lembra carros imediatamente) ou Apple (um computador comestível?) podem ter se arrependido. Ainda assim, os nomes são tão populares que o público poderia se sentir ofendido se fossem modificados.

UMA SURPRESA NO ESPELHO

Quantas vezes você se olhou no espelho durante a vida? Milhares, talvez. Com tanta experiência, provavelmente não teria problemas com a questão a seguir.

Imagine que está de pé diante de um espelho vertical (como uma porta ou um espelho de banheiro) e pode se ver até o umbigo. Você se afasta um pouco. Agora consegue ver: (a) uma parte maior; (b) a mesma parte; (c) uma parte menor.

A maioria das pessoas "pensa" que a resposta é (a) — mas ela está errada. Na verdade, a resposta é (b): conforme você se afasta do espelho, ainda só consegue ver até o seu umbigo. Eu não me surpreenderia que você não acreditasse em mim e corresse até o espelho mais próximo para verificar. Por que as pessoas erram isso? Provavelmente porque, em geral, os espelhos são instalados um pouco inclinados para que, ao nos afastarmos, seja possível ver um pouco mais. Assim, quando nos confrontamos com um problema novo, é natural procurar situações anteriores semelhantes. Mas, apesar do problema atual guardar alguma semelhança com a experiência anterior, talvez seja de alguma forma sutilmente diferente. Às vezes, o conhecimento anterior pode enganar.

O MOMENTO DO "A-HÁ!"

O que todos os exercícios até agora têm em comum é o fato de conter surpresas. A princípio, você provavelmente olhou para uma determinada situação de um jeito e, no fim, se pegou olhando para a mesma situação de uma maneira muito diferente.

Grande parte da criatividade tem a ver com desfrutar essas experiências surpreendentes, o que algumas pessoas chamam de momento do "A-há!". Atividades criativas geram também a sensação de orgulho de criar algo bacana, talvez divertido e até engraçado.

Certa vez, o filósofo Arthur Koestler descreveu a criatividade como algo que tem a ver com três coisas: arte, descoberta e humor. Outra pessoa encontrou um jeito conciso de resumir isso:
Criatividade tem a ver com **AH!**, **A-HÁ!** e **HAHA!**

Se você está se sentindo frustrado porque os momentos do "A-há!" não aconteceram até você olhar a resposta no final do livro, não se preocupe – você não está sozinho. Poucas pessoas conseguem experimentar momentos de "A-há!" –, mas, com a prática e a atitude correta, eles começam a acontecer com mais frequência. Segundo o grande inventor Thomas Edison: "Criatividade é 99% de transpiração e 1% de inspiração". E esses momentos de inspiração são tão prazerosos que vale a pena insistir.

"Seja alguém que abre portas."

Ralph Waldo Emerson (1803–1882)

ENCONTRE O CAMINHO DA CRIATIVIDADE

A criatividade não existe apenas entre artistas e ganhadores do Prêmio Nobel mais famosos do mundo. Pense sobre seus parentes e amigos: que talentos eles têm? Alguns podem ter habilidades especiais e outros podem simplesmente usar o talento como parte da vida diária. Da mesma maneira, você pode encontrar as sementes da criatividade em si mesmo.

COMO SÃO OS "PENSADORES CRIATIVOS"?

A criatividade assume muitas formas. Para encontrar a sua definição, pense em pessoas criativas, identificando os talentos e as atitudes de cada uma. É quase certo que elas tenham características muito diferentes. Aqui estão algumas pessoas da minha lista:

Tom – empreiteiro
Quando você pede a Tom para assumir um projeto, ele sempre oferece muitas ideias. Também é rápido em encontrar soluções boas e elegantes para superar qualquer problema.

Laura – diretora de comunicação
Ela olha o mundo de maneira diferente da maioria e encontra ângulos pouco convencionais, mas que (normalmente) funcionam. Também tem senso de humor ácido e rápido, ótimo para incentivar novas ideias.

Ricardo – compositor
Além de compor músicas, ele tem muito entusiasmo pela vida. Conte--lhe uma ideia nova, e ele certamente verá as possibilidades.

Kelly – cozinheira (nas horas vagas)
Dê-lhe apenas uma sugestão, e ela cria algo com acréscimos inteligentes. É perfeccionista e tem tendência a continuar afinando as ideias até o fim.

OS ELEMENTOS DA CRIATIVIDADE
Cada pessoa da lista acima tem habilidades e pontos de vista que a tornam boa no que faz. Ao observar esses profissionais, identificamos traços de criatividade. Um pensador criativo pode ser alguém que:
- Produz muitas ideias e diz instintivamente quais funcionam.
- Olha as coisas de um ângulo diferente da maioria e desafia tudo.
- Desenvolve suas ideias em vez de destruí-las.
- É motivado pelo desejo de criar e não desiste diante de um problema.
- Enxerga conexões entre mundos aparentemente desconectados.
- Afina as ideias até que funcionem perfeitamente.

Não é comum alguém ter esses atributos em todas as situações. Se Tom e Laura trocassem de função, talvez o lado criativo de ambos não aparecesse.

Agora pense sobre si mesmo. Quais são seus atributos criativos? Onde estão suas fraquezas? Reconhecer quando você usa habilidade, imaginação e flexibilidade pode realçar sua própria criatividade. E, ao identificar qualquer área mais fraca, você saberá o que deve ser melhorado.

COMO VOCÊ QUER SER CRIATIVO?

No período de uma semana, um mês ou um ano, como você saberá que se tornou mais criativo? Decida o que significa ser criativo para você e avalie seu desempenho.

Talvez você leve em conta se produziu ou não alguma coisa. O ato de fazer um vaso ou criar algo pode ser a chave para libertá-lo da sua "caixa", mesmo que o caminho para chegar lá pareça um esforço e não uma série de inspirações.

Para algumas pessoas, ser criativo significa fazer algo diferente. Talvez isso queira dizer sair da rotina ou criar algo inovador, como uma pintura única ou uma música nova.

O segundo desafio é muito mais difícil, pois não se trata apenas de criar, mas de ficar satisfeito com o resultado. Afinal, qualquer um pode criar uma obra de arte, basta derramar algumas tintas sobre uma tela. Mas isso é arte? É boa? Tudo depende de você e dos espectadores.

Ou, finalmente, sua preocupação principal pode ser sobre como se sente: seu objetivo é se sentir motivado e satisfeito com o que está fazendo, sem se preocupar tanto com o resultado?

Se o tipo de criatividade que o anima é experimentar e descobrir, saiba que muitas pessoas brilhantes também têm essa característica. Leonardo da Vinci era conhecido por ter ótimas ideias, mas ser péssimo em concretizá-las. Seu maior prazer criativo parecia vir da exploração de conceitos novos, como mostram seus cadernos de esboços de geringonças que iam de bicicletas a máquinas de guerra.

OS TRÊS "PÊS"

Em geral, são três os critérios para julgar se uma atividade é criativa. Eu os chamo de três "pês" da criatividade:
- O **produto** ("esse quadro é mesmo diferente").
- O **processo** ("ultrapassou muitas barreiras no caminho").
- A **pessoa** ("isso é criativo porque foi escrito por John Lennon").

Se você pedir às pessoas um exemplo de algo criativo que fizeram, a maioria terá dificuldade em responder. Isso acontece porque elas tentam pensar em produtos e poucas têm oportunidade de criar algo diferente no mundo moderno, o que poda a criatividade.

A ideia de uma ligação entre a pessoa e a criatividade pode se tornar uma profecia autorrealizável. As pessoas rotuladas como "criativas" serão assim consideradas em tudo o que fizerem (lembre-se de Picasso, Leonardo da Vinci e Mozart). Pessoas "não criativas" talvez tenham ideias boas, mas seu talento pode passar despercebido.

Para muitas pessoas, a parte mais importante da criatividade é o processo, ou como resolver os problemas que surgem enquanto se cria algo. Se decidir fazer uma cadeira, precisará de muita criatividade para pensar sobre sua aparência, onde achar os materiais e como juntar as peças. Ela pode acabar parecida com milhares de outras cadeiras e talvez você não mude a percepção dos outros, mas, mesmo assim, precisará quebrar muitas "caixas" para chegar ao produto final.

A questão do processo talvez seja a mais útil para o nosso propósito. É importante reconhecer a criatividade como uma jornada; não como o destino final.

CAPÍTULO 2

UMA ATITUDE CRIATIVA

Mude de rota 26

Identifique os bloqueios pessoais 29

Feedback positivo 31

Evite avaliações prematuras 35

Transforme lamúrias em problemas 36

Além da opinião do especialista 38

O jogo do "E se?" 40

No lugar certo, na hora certa 42

Ganhe confiança 44

Faça! 47

O pensamento criativo requer novas ideias, mas a atitude também é muito importante. Seus principais elementos são o otimismo e a mente aberta. Assim como apenas os otimistas veem um copo "meio cheio" em vez de "meio vazio", os pensadores criativos também abordam projetos e desafios com uma atitude positiva. Eles se concentram no que pode ser feito e não deixam problemas e dúvidas paralisarem o seu trabalho. As pessoas criativas também saltam para o desconhecido em vez de se acomodar nas coisas conhecidas.

Então, quão criativo você é? O que pode fazer para mudar de atitude, para se ajudar a pensar de maneira mais criativa? Este capítulo analisa alguns bloqueios em aceitar novas ideias e oferece opções para ajudá-lo a adaptar seu estilo de vida a situações diferentes.

MUDE DE ROTA

Você está em um caminho de terra batida? Sente que apenas repete a mesma rotina dia após dia, ou se sente entediado, frustrado e insatisfeito? No tempo das carroças puxadas a cavalo, para sair do caminho de terra batida era preciso um grande solavanco. Talvez você precise fazer algo semelhante para mudar de rota.

PRESO... SERÁ QUE VOCÊ ESTÁ MESMO?

Se você se encontra em um caminho de terra batida, precisa identificar o que o prende aí. Você precisará de táticas diferentes conforme o problema. Muito provavelmente você quer partir para outra, mas:

- Sente-se preso (do ponto de vista financeiro ou físico, ou porque tem obrigações das quais não pode fugir).
- Sente-se confortável (o caminho é conhecido, não causa arrependimentos e é um lugar onde você se sente confiante – já vi essa descrição ser chamada de "caminho forrado de pelúcia").

Para desviar de um caminho de terra batida que o está retendo, é preciso pensar como o Indiana Jones. Você está realmente preso? Ou há uma brecha em algum lugar, uma pedra solta, um parapeito estreito ou uma nesga de luz no teto, por onde você pode começar a planejar a fuga?

Você realmente não pode procurar outro emprego? Será que precisa preparar o lanche das crianças à mesma hora todas as manhãs antes de encarar o trânsito estressante para levá-las à escola? Em algum ponto, alguma coisa deve ceder se você colocar um pouco de pressão.

Abandonar um caminho confortável é difícil porque, mesmo que você esteja infeliz, há muitos pequenos pontos tentadores para não se mexer. Entre a segurança e o desconhecido, não é surpresa que muitas pessoas fiquem "presas" a empregos com salários gordos, mas que elas odeiam.

COMO SAIR DA INÉRCIA

O gráfico abaixo o ajudará. O lugar onde quer chegar provavelmente é melhor do que onde está — mas talvez precise passar primeiro por um período de instabilidade. Se não estiver preparado para os percalços que acompanham as mudanças, toda vez que mergulhar um dedão do pé na água fria dará um passo para trás. (Quem já tentou parar de fumar vai reconhecer esse gráfico.)

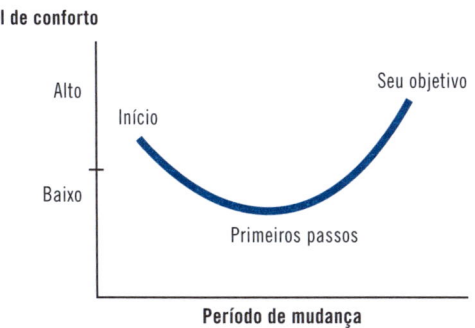

Para escapar dessa armadilha, você precisa de motivação suficiente para suportar algum sofrimento durante a jornada ou precisa achar uma maneira de saltar direto para o seu objetivo, desviando do período de percalços.

Tome uma decisão rápida
Um grande salto talvez seja pedir demissão ou vender a casa. Se estiver confiante, a transformação pode acontecer. Todos nós já desejamos uma mudança radical na vida, mas é preciso avaliar o momento ideal para não se arrepender. Uma vez que você embarcar em sua nova jornada, precisará de metas para manter a motivação.

Desafie o destino
Outra rota de fuga pode surgir se o destino der uma mão: digamos que sua empresa feche, ou que você enfrente uma crise familiar que o force a mudar de vida. A desvantagem é que o destino, por definição, está fora do seu controle. Por outro lado, talvez seja possível influenciá-lo um pouco. Comece a se arriscar mais, a "jogar" com o seu futuro ao assumir coisas que não tem certeza de como vão terminar; desafie os seus limites. Alguma coisa boa poderá acontecer.

"Vencer sem riscos é triunfar sem glória."

Pierre Corneille (1606–1684), dramaturgo

IDENTIFIQUE OS BLOQUEIOS PESSOAIS

Alguns dos possíveis bloqueios ao pensamento criativo podem vir do nosso ambiente físico e social. No entanto, é mais provável que a maioria dos bloqueios que enfrentamos sejam barreiras pessoais, como a falta de autoestima e a maneira como organizamos o nosso tempo.

PROBLEMAS COMUNS

A lista abaixo apresenta algumas das razões mais comuns por que as pessoas se sentem incapazes de usar seus talentos. Algumas delas são familiares para você? Que outras questões podem estar lhe prendendo?

"Eu não tenho ideias"

Esse é o bloqueio criativo mais comum. Muitas vezes, as pessoas tratam as próprias ideias como não originais ou inúteis. Ou, se estão em um emprego dominado por regras e procedimentos, no qual erros não são tolerados, sentem que a inovação não é bem-vinda. É verdade que algumas pessoas têm ideias com mais facilidade que outras, mas é impossível pensar e não ter ideias. Não se compare aos gênios criativos: comece do seu jeito.

"O que os outros vão pensar?"

Podemos nos sentir ansiosos quando nos destacamos. Ficamos preocupados com o julgamento dos outros (será que eles acham que eu estou atrapalhando ou ficando maluco?). Mas, honestamente, a opinião dos outros é problema deles. Não deixe de ouvir o que os seus amigos de confiança acham das suas ideias – mas você está fazendo isso por você, não por causa deles. Às vezes a criatividade pode ser um caminho solitário, mas que muitos já trilharam antes.

"Eu não tenho tempo"

Isso é um bloqueio ou apenas uma desculpa? Se realmente quiser, você encontrará tempo. Mais adiante, ainda neste capítulo, há algumas sugestões para encontrar tempo. De qualquer maneira, a falta de tempo nem sempre é ruim – às vezes, pode ajudá-lo a ter novas ideias. Ao trabalhar com um prazo apertado, você não tem tempo para pensar demais nas desvantagens. É por isso que a comédia improvisada é mais engraçada do que a que foi ensaiada por meses.

"E se algo der errado?"

Há duas razões para se preocupar com isso. A primeira é que o erro pode sair caro para você e para os outros. Se isso é uma possibilidade, então é claro que é preciso pensar sobre as consequências da sua ideia. Mas você não deve abandoná-la de cara. A segunda razão é que sua reputação pode ficar manchada. (Ainda me lembro da minha única tentativa de cantar no karaokê!) Mesmo assim, não desista: uma característica que distingue grandes pensadores é a capacidade de continuar tentando, mesmo que sofram com a vergonha dos erros ao longo do caminho. Eu gosto da postura do inventor Buckminster Fuller, que disse: "Não existe uma experiência que dê errado, apenas experiências com resultados inesperados".

FEEDBACK POSITIVO

Quando você tenta algo pela primeira vez, talvez procure um retorno dos outros e até de si mesmo para avaliar como está se saindo. Um *feedback* negativo pode desanimá-lo, mas o positivo pode ser essencial para fortalecer os seus esforços.

COMO DESCOBRIR OS CÍRCULOS VICIOSOS

Quando criança, nas aulas de piano, eu costumava temer o som das minhas tentativas desengonçadas de tocar uma música. Cada nota errada ressoava pela sala como um registro do quão ruim eu era. E claro que cada erro minava a minha confiança e tornava mais provável que a próxima nota também saísse errada.

Esse *feedback* negativo pode tornar extremamente difícil o ato de criar ou alcançar algo. Cada erro reforça o problema, como no "círculo vicioso" abaixo:

COMO ROMPER O PADRÃO

Deseja sair desse redemoinho negativo? Descobri uma maneira quando retomei as aulas de piano já adulto. Queria experimentar músicas que sabia ser muito mais difíceis do que eu era capaz de tocar, então investi em um teclado elétrico. Sua função mais útil é o controle de volume. Para começar, abaixei o volume. É incrível como você parece tocar muito melhor quando quase não consegue ouvir as notas tremidas!

Esse efeito era ampliado quando eu colocava o CD da música que estava tentando tocar e deixava o volume do teclado quase no zero. Então só escutava o que eu ouviria se estivesse tocando perfeitamente e percebia como seria a sensação dos meus dedos nessa situação. Tenho certeza de que, se tivesse feito isso na infância, teria me motivado a fazer os exercícios difíceis que viriam a seguir.

Quando quiser tentar um projeto ou uma habilidade novos, lembre-se do *feedback* positivo e "desligue" o negativo, isso pode ajudar, pelo menos no começo.

COMO DESLIGAR O FEEDBACK NEGATIVO

Há diversas técnicas que você pode adotar para "desligar" o *feedback* negativo. Veja dois exemplos a seguir.

Se você quer sair da sua caixa cantando

O *feedback* negativo normalmente está no que as outras pessoas acham da sua voz. Para afinar, cante no carro. Coloque o seu CD favorito (num bom volume!), pegue a estrada e abra os pulmões. A 120 quilômetros por hora, ninguém, nem mesmo você, pode ouvi-lo gritar.

Se você quer sair da sua caixa desenhando
Uma maneira de praticar desenho é copiar uma ilustração ou uma fotografia. Infelizmente, muitas pessoas, ao comparar o desenho com a imagem original, veem imediatamente que o desenho "parece estranho".

O motivo pelo qual seu desenho de um rosto, digamos, pode parecer estranho é porque muitas vezes você não copia exatamente o que os seus olhos registram e reproduz uma imagem padrão de um rosto gerada a partir de rostos que já viu no passado. Como resultado, fica confuso quando tenta desenhar o que está diante de você.

Uma das melhores maneiras para corrigir esse *feedback* confuso é virar a imagem que está copiando de ponta-cabeça. Seu cérebro não vai reconhecer mais as linhas como um rosto (ou seja lá o que for a imagem), então é possível se concentrar no que vê e não no que pensa que vê. Os resultados podem ser incrivelmente precisos.

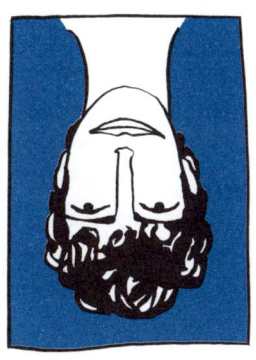

COMO FAZER GRANDES MUDANÇAS
A necessidade de anular o *feedback* negativo é muito importante nas mudanças mais sérias da vida – como perder peso ou mudar de emprego.

Se você quer sair da sua caixa fazendo dieta
Muitas pessoas que começam uma dieta sofrem com o *feedback* negativo da balança: percebem que não perderam peso suficiente e ouvem uma voz interior reprimindo sua falta de força de vontade. Isso as faz ficar deprimidas, então procuram um lanchinho reconfortante – e assim o círculo vicioso continua. Se você enfrenta esses problemas, não se pese e coloque mensagens motivadoras nos armários para interromper o círculo vicioso.

Se você quer sair da sua caixa mudando de emprego
Se você está planejando uma grande mudança, como iniciar um emprego que paga menos, mas é mais prazeroso, o *feedback* negativo pode vir dos seus amigos dizendo "Você tem certeza?" e do saldo da sua conta bancária, "Veja, estou ficando menor!". Isso é uma tentação para ficar no "caminho forrado de pelúcia", descrito na p. 26.

Esse *feedback* é importante, mas peça aos seus amigos para também lhe mostrar as vantagens da sua decisão e planeje suas finanças em detalhes. Assim, mesmo com um salário menor, você será capaz de lidar com as consequências. (Ver outros conselhos em "Planeje-se para o pior", na p. 134.)

EVITE AVALIAÇÕES PREMATURAS

Da próxima vez que alguém pedir sua opinião sobre uma ideia nova, preste atenção à sua reação imediata. Você se vê dizendo algo como: "Você não deveria fazer isso porque..." ou "Ah, o que você não sabe é que..."? Afirmações como essas são normais, mas podem matar definitivamente o processo criativo.

O CHOQUE DO NOVO

Por que temos a tendência de reagir de maneira tão negativa? Em alguns casos, temos as melhores intenções: não queremos que a pessoa perca tempo nem energia. No entanto, pode haver outros motivos:

- **Fomos educados a procurar respostas padrão.** Ao encarar uma ideia nova, nos sentimos obrigados a apontar seus defeitos.
- **Ideias novas podem ser assustadoras.** Elas podem nos fazer achar que não estamos exercendo o nosso trabalho direito ou que precisamos mudar.
- **Há sempre reação contra ideias que "não nasceram na sua mente".** Às vezes as ideias parecem melhores quando são "nossas".

Dennis Sherwood, guru do mundo da inovação, chama essa reação negativa de "avaliação prematura" e reconhece que é um problema, especialmente entre os homens jovens e autoritários.

A avaliação prematura não só apaga a chama criativa da outra pessoa como desmotiva novas possibilidades. Aprenda a refletir sempre que ouvir uma ideia nova.

TRANSFORME LAMÚRIAS EM PROBLEMAS

Mesmo as pessoas mais positivas gostam de ter rompantes ocasionais de lamúrias. "Por que eu nunca consigo achar uma vaga para estacionar?", "Por que há tantos comerciais na televisão?", "Por que essa casa está sempre tão suja?". No entanto, se você quer que uma situação mude para melhor, precisa fazer alguma coisa; não basta ficar apenas reclamando.

QUAL É A DIFERENÇA?

Primeiro, você precisa ser capaz de identificar a diferença entre uma lamúria e um problema. As lamúrias são tipicamente reclamações mal-humoradas em relação a coisas sobre as quais não temos controle. Elas podem parecer terapêuticas, mas não se engane achando que vão melhorar a situação. Na verdade, muitas vezes as pessoas sentem prazer em reclamar — ou se lamuriar, como prefiro dizer — a fim de culpar o outro, quando elas não têm nenhuma intenção de corrigir a situação.

O problema, por outro lado, é como você pode mudar essa situação, por mais complicada que ela pareça ser.

COMO MUDAR SUA ATITUDE

Um passo importante para aumentar sua criatividade é "reenquadrar", ou reformular, seu ponto de vista. É preciso transformar essas reclamações, ou lamúrias, improdutivas em problemas com os quais você realmente possa lidar.

Da próxima vez que enfrentar uma dificuldade, observe sua reação da maneira mais sincera possível. Cuidado com afirmações resumidas do tipo "Isso não é justo!" ou "A culpa é deles!". Culpar os outros ou a vida não leva a nada. Em vez disso, faça-se a pergunta "Como...?". A tabela abaixo dá alguns exemplos.

LAMÚRIA	PROBLEMA
"Por que eles não concertam essa copiadora barulhenta?"	"Como posso descobrir quem é responsável pela copiadora?"
"O trânsito sempre fica parado nesse cruzamento!"	"Como posso achar outro caminho para chegar ao meu destino?"
"Os lanches desse lugar são muito ruins!"	"Como posso convencer o dono do restaurante a melhorar os lanches?" (ou "Como faço para trazer meu lanche amanhã?")
"Minha mulher/meu marido/ parceiro(a) não me entende."	"Como posso olhar a partir do ponto de vista dela/dele?" ou "Como posso mudar minha atitude para que ela/ele reaja de maneira diferente?"

A coisa mais importante é começar a assumir sua responsabilidade pela situação. Transformar sua reação de "Por que ninguém faz alguma coisa a respeito?" para "O que eu posso fazer a respeito?". Esse exercício também ajuda a ir mais fundo nas suas próprias motivações. Sua reclamação é sobre um problema que realmente quer resolver ou só está servindo de desculpa para não fazer nada e, assim, não se incomodar?

ALÉM DA OPINIÃO DO ESPECIALISTA

O mundo precisa de especialistas. O que seria de nós sem os cientistas que interpretam o DNA ou os advogados que conseguem desmascarar fraudes fiscais? No entanto, se você se enxergar como um especialista, pode ter mais dificuldade para pensar fora da caixa. É provável que um ponto de vista novo o ajude a encontrar novas ideias.

AJA MENOS COMO UM "ESPECIALISTA"...

Eu tenho uma definição um pouco irônica de um especialista: é alguém que sabe todos os motivos pelos quais uma ideia nova não vai funcionar. Veja as seguintes declarações desastrosas:

"E quem vai querer ouvir um ator falar?"

H. M. Warner, 1927

"As bandas com guitarras estão com os dias contados."

Decca Recording Co., recusando os Beatles, 1962

Você age como "especialista" quando fala sobre vinhos, jardinagem ou algo de que entende? Como você demonstra seu conhecimento aos outros?

Muitas vezes você responde às ideias dos outros com comentários do tipo "Isso não iria funcionar porque..." ou "Já tentaram isso em 1986..."? Demonstrar seu conhecimento assim pode inflar seu ego, mas também é um tiro no pé.

... E MAIS COMO UMA CRIANÇA

Muitas vezes os adultos se preocupam demais em pensar e dizer o que os outros esperam. As crianças, ao contrário, têm uma honestidade revigorante e concentram sua energia em coisas novas que as interessam. Ouvi dizer que há três fases na vida:

De **0 a 4 anos** é a fase do **"Por que não?"**.
De **5 a 11 anos** é a fase do **"Por quê?"**.
A partir dos **12 anos** começa a fase do **"Porque sim."**.

O sistema educacional e as pressões da adolescência se juntam para nos tornar racionais, para fazer os indivíduos procurarem as respostas corretas em vez das mais interessantes. Nós nos tornamos pessoas "Porque sim" – parecidas com o "especialista" descrito acima.

Para ser mais criativo, é preciso recuperar alguns comportamentos da infância. No entanto, você não precisa ser infantil. Portanto, não quero dizer para você dar escândalos, fazer os outros comprarem sorvete para você ou rir quando alguém cair. O que quero dizer é que ter a curiosidade e o encantamento de uma criança em relação ao mundo nos leva a fazer perguntas cruciais como "Por quê?" e "Por que não?".

"Para cada especialista existe um especialista equivalente e oposto."

Anônimo

O JOGO DO "E SE?"

Ao lado de "Por que não?", a pergunta mais criativa na língua portuguesa provavelmente é "E se?". Essas duas palavrinhas abrem a sua imaginação e o levam a explorar mundos novos. Comece a exercitar sua imaginação jogando o jogo do "E se?", sozinho ou com amigos.

QUE IDEIA MALUCA!

Para jogar o jogo do "E se?", comece com algo que não poderia ou não iria acontecer no mundo como o conhecemos. Por exemplo, "E se eu tivesse uma tevê à bateria e tivesse de carregá-la para poder assisti-la?". Que ideia maluca! Mas funciona assim: ideias novas muitas vezes parecem ridículas até alguém as analisar melhor.

Então uma tevê à bateria seria uma coisa trabalhosa, com certeza – você teria de recarregar a energia constantemente e poderia ficar sem ela na melhor parte de um filme.

Por outro lado... certamente você escolheria com mais cuidado ao que assistir. Que tal energizar uma tevê com uma bicicleta ergométrica? Em vez de pagar academia, você ficaria em forma de graça e passaria menos tempo no sofá. E o mesmo valeria para seus filhos – não é uma boa para a "geração da tevê"?

A ideia de uma televisão recarregável pode ter um lado pouco prático, mas, com todos esses benefícios, não é uma ideia totalmente maluca. Na verdade, já houve um rádio à corda que fez sucesso na África nos anos 1990.

COMO JOGAR

Você pode criar os seus próprios exemplos de "E se?", tão excêntricos ou fantásticos quanto quiser. Aqui estão mais alguns exemplos para você experimentar. Seu desafio é pensar em pelo menos três consequências positivas, não importa quão maluca seja a sugestão.

* * * * *

E se você pudesse comer computadores?

* * *

E se você fosse obrigado a fazer um curso de palhaço antes de ter filhos?

* * *

E se as sacolas plásticas custassem o mesmo que uma entrada de cinema?

* * *

E se o seu salário fosse pago em pequenas parcelas a cada hora em vez de em uma parcela única no fim do mês?

* * *

E se os restaurantes pagassem para você comer neles?

* * *

E se o céu fosse verde?

"Um homem com uma ideia nova é um lunático, até que a ideia dê certo."

Mark Twain (1835–1910)

NO LUGAR CERTO, NA HORA CERTA

Se você quer aumentar as suas habilidades e exercitar a sua imaginação, precisa de um bom contexto e de assunto. Reservar um tempo para isso também ajuda. No entanto, tenha em mente que as ideias nem sempre se encaixam num calendário. Quando bater a veia criativa, esteja a postos para acompanhá-la.

PROCURE AJUDA

Por que durante o fim de semana seu cérebro está cheio de ideias, projetos e motivação e, ainda assim, na segunda-feira de manhã parece que tudo foi desligado?

Essa enorme alteração da energia mental se dá por três fatores:
- **As pessoas ao seu redor** – sua atitude pode refletir o *feedback* dos outros.
- **O lugar** – um bar pode fazer você se sentir animado; um museu, pensativo; e o escritório do chefe pode ser intimidador.
- **O assunto** – se é algo que o fascina ou você conhece bem, terá muitas ideias e opiniões; mas se você se sentir ignorante e sem inspiração, acontecerá o contrário.

Tente cercar-se de pessoas que lhe dão confiança para expressar suas ideias. Escolha um lugar inspirador. E, se o assunto não o entusiasmar, procure maneiras de torná-lo mais interessante (veja o capítulo 4).

RESERVE TEMPO

Se você quer se dedicar a uma habilidade criativa ou a um projeto, é preciso fazer um plano e segui-lo à risca. Marque uma data e garanta um prazo com uma ou duas semanas de antecedência. Tenha em mente o tipo de tarefa que gostaria de cumprir – quanto mais você se concentrar em uma atividade específica, mais importante ela se tornará para você. Os passos a seguir devem ajudá-lo:

Seja realista sobre o prazo

Se você reservar um dia inteiro, pode se assustar só de pensar num tempo tão grande roubado da sua rotina. Reservando apenas 10 minutos, não há razão para não começar. Se ainda assim você não consegue, analise a maneira como organiza a sua vida ou avalie a sua motivação.

Evite distrações

Os outros podem roubar seu tempo reservado para a criatividade. Para reduzir esse risco, planeje para que sua atividade criativa seja feita em algum lugar tranquilo.

Comprometa-se financeiramente

Talvez a melhor maneira de se comprometer com algo seja pagar por ela. É fácil cancelar algo gratuito, mas, se você tiver de pagar, por exemplo, por um ingresso, uma reserva de sala ou uma ajuda profissional, então cancelar ficará muito mais difícil.

GANHE CONFIANÇA

Quando você enfrenta um novo desafio, especialmente se ele tem a ver com habilidades e talentos que nunca usou antes, é essencial aumentar sua confiança. Não há motivo para deixar o nervosismo ou o medo lhe derrubarem ou até mesmo fazerem você desistir antes de começar.

COMECE AOS POUCOS

Seja qual for sua ambição, comece com uma tarefa pequena ou simples. Muitas vezes, o tamanho monumental de uma tarefa pode fazê-la parecer impossível. Se esse for o seu caso, tente dividir o desafio em passos pequenos.

Outra possibilidade é começar com uma meta fácil de alcançar – que não exija muito tempo, planejamento ou inspiração. Por exemplo, se você quer começar a escrever de maneira criativa, talvez não seja uma boa ideia escrever logo de cara o seu primeiro romance, a menos que tenha certeza de que persistirá para continuar a longo prazo; escrever um diário é um ponto de partida muito mais fácil.

Por enquanto, não se preocupe com quão original são suas ideias. Ao aceitar um pequeno desafio e superá-lo, vai provar a si mesmo que pode alcançar os objetivos a que se propuser.

OS PRIMEIROS PASSOS

Há vários pequenos desafios que você poderia se colocar, de acordo com as habilidades ou ideias que quer desenvolver.

A lista abaixo sugere alguns bastante comuns e mostra como você pode torná-los mais fáceis ao dar um passo de cada vez.

Escrever sua biografia
Comece produzindo um álbum de fotografias sobre um episódio da sua vida: uma viagem de férias, uma data, um evento especial. A perspectiva de organizar as histórias e as fotos de uma vida inteira pode ser tão intimidadora que você não vai nem querer começar. No entanto, se escolher apenas um período, conseguirá.

Tornar-se um cozinheiro criativo
Comece com uma refeição rápida e fora do comum que você viu ser preparada na televisão. Escolha ingredientes simples.

Reformar uma casa antiga
Comece por um ambiente pequeno, no qual uma intervenção mínima faça muita diferença na aparência geral. (Nesse caso, pintar é melhor que trocar o encanamento.)

Envolver-se em projetos sociais ou na política
Comece escrevendo uma carta para o jornal local ou para o site da comunidade sobre uma questão de seu interesse ou que o preocupe. Faça algo simples – muitas vezes as cartas mais curtas são aquelas que têm mais impacto.

Qualquer uma das técnicas simples acima pode ajudá-lo a sair da "caixa" e lhe dar confiança para enfrentar coisas maiores.

USE ARTIFÍCIOS

É fácil dar pouco valor à sua criatividade. Normalmente, você sabe de onde as ideias vieram, então elas não parecem com aqueles momentos de "A-HÁ!". É maravilhoso quando as ideias surgem de maneira espontânea, mas elas também podem vir de fontes artificiais.

Aqueles que acreditam que a criatividade nasce do próprio talento podem ter dificuldade em aceitar que há técnicas para ajudá-los. Certa vez eu estava trabalhando com um grupo de pessoas que dizia desenhar muito mal. Eu lhes mostrei a técnica padrão para desenhar rostos (ver p. 33), que nada mais é do que copiar o original de ponta-cabeça. Quase todos ficaram impressionados com o resultado, menos uma pessoa, que disse: "Mas isso não é desenhar". E chegou a essa conclusão porque, ao usar um truque, achou que seu desenho não era válido.

Os artistas profissionais também têm truques, desde copiar fotografias até usar programas de computador. A princípio, utilizar alguns artifícios para gerar novas ideias pode não parecer criativo, mas, quanto mais usá-los, mais naturais parecerão e mais criativo você se tornará.

> ### CÂMERA ESCURA
> Os artistas "fingem" há séculos. A câmera escura é um apoio para desenhar reconhecidamente usado por Leonardo da Vinci, Vermeer e Canaletto. Esse equipamento consiste em uma caixa, ou um ambiente escuro, com uma pequena abertura de um lado para a entrada de luz – que projeta uma imagem invertida do que houver do outro lado da abertura. Você pode usar um espelho para refletir a imagem do lado certo e então traçar o contorno. No entanto, mesmo com esse artifício, os artistas não depreciaram suas habilidades.

FAÇA!

Nada pode ser mais intimidador que uma folha de papel em branco. Quer o seu desafio seja pensar para onde ir nas férias, quer seja algo mais ambicioso, os primeiros minutos ou horas podem ser difíceis. Os escritores costumam chamar isso de "bloqueio de escritor". Então, como começar?

NÃO PRECISA SER PERFEITO

Muitos artistas, escritores e compositores dirão a mesma coisa. Comece por algum ponto. Qualquer ponto. E não se preocupe em produzir alguma coisa boa na primeira tentativa. O simples ato de despejar "qualquer porcaria velha" sobre uma folha de papel pode ser o suficiente para sentir o gostinho do trabalho. Isso é um brainstorming individual, no qual você lança todas as suas ideias sem julgar sua qualidade.

Às vezes, a única maneira de criar algo bom é produzindo algo ruim primeiro. Certa vez trabalhei em uma equipe cujo chefe era famoso por dar instruções ruins de como escrever um relatório para ele. Passávamos horas escrevendo o que achávamos que ele queria, para depois ele apenas cobrir nosso trabalho com tinta vermelha e transformá-lo em sua própria versão. A princípio, julgávamos estar perdendo nosso tempo, mas depois nos tocamos de que nosso trabalho funcionava como catalisador para o pensamento do nosso chefe.

O mesmo princípio pode ser aplicado ao nosso próprio trabalho. Uma hora rabiscando rascunhos não é perda de tempo. O simples ato de colocar ideias no papel desenvolve o pensamento.

COMO COMEÇAR

Aqui estão algumas dicas de como começar. Todas elas podem ajudá-lo a ganhar um pouco de tempo enquanto espera por sua primeira inspiração.

* * * * *

Comece por uma parte fácil.

* * *

Inicie pelo fim – o último capítulo, o cartão que você coloca com o presente, o discurso de agradecimento por um prêmio.

* * *

Não se preocupe com as partes "criativas", comece pelo básico: preencha o roteiro, compre as ferramentas ou colecione livros de referência.

* * *

Prepare o lugar onde irá pensar de maneira criativa.

* * *

Faça uma marca – qualquer marca, mesmo que seja um rabisco – na página em branco.

* * *

Ligue para um amigo e conte como foi o começo, por que você está achando complicado e o que pensa fazer a respeito. (Mesmo que você não saiba como, talvez o simples ato de ligar para alguém lhe dê o pontapé inicial no processo.)

"Preparar, apontar, fogo!"

Executivo da fábrica de chocolates Cadbury

ARRISQUE-SE

Se estiver entrando em uma competição em que as possibilidades pareçam estar contra você, não olhe para si e se pergunte: "Por que me dar ao trabalho?". Se todo mundo pensasse desse jeito, ninguém nunca teria ganho na loteria, conquistado uma medalha de ouro nas Olimpíadas ou se tornado um escritor de sucesso.

A perspectiva de um prêmio ou uma meta, por mais remota que seja, pode levá-lo adiante, mas não é necessariamente a coisa mais importante. Muitas vezes, a jornada é, no mínimo, tão recompensadora quanto a conquista em si.

Eu tenho dois amigos que passaram meses escrevendo romances recusados por diversos editores. Não é surpresa nenhuma – dizem que a chance de ter o primeiro romance publicado é de cem para uma.

Ainda assim, nenhum deles se arrepende, porque encontraram muitos desafios criativos e estímulos ao compartilhar a história com outras pessoas, além de terem aquela atitude revigorante de "arriscar-se".

É PRECISO PARTICIPAR PARA GANHAR

As casas lotéricas muitas vezes seduzem os jogadores como neste slogan da Loteria Nacional do Reino Unido: "É preciso participar para ganhar", ou na Virgínia, EUA: "Nunca se sabe". Esses slogans são persuasivos, mesmo que a possibilidade de ganhar seja mínima. Eu não estou defendendo a ideia de jogar na loteria, mas slogans como esses podem lhe dar o ímpeto para seguir adiante com qualquer projeto criativo.

CAPÍTULO 3

COMO CONTORNAR UM PROBLEMA

Responda a uma pergunta diferente 52
Olhe o mundo como uma criança 54
Perguntas simples 56
Comece pelo fim 59
Ouça os seus devaneios 60
Compare e diferencie 62
Inverta o problema 65
Exercícios de pensamento lateral 68

O termo "pensamento lateral" foi inventado por Edward de Bono na década de 1960 e entrou para o vocabulário corrente. Mas o que isso quer dizer? É o mesmo que pensar de forma criativa?

A palavra "lateral" sugere um salto para o lado e, apesar de existirem diferentes definições, considero interessante distinguir o pensamento lateral do pensamento criativo desta maneira:

Pensamento criativo é conceber ideias novas para um problema que se apresenta.
Pensamento lateral é lidar com uma questão completamente diferente do problema que se apresenta.

Este capítulo apresenta técnicas de pensamento lateral que podem ser especialmente úteis caso você se sinta encurralado diante de uma dificuldade aparentemente insolúvel. Você descobrirá maneiras de ver a questão a partir de outra perspectiva, a redefinirá de forma diferente e até mesmo superará o problema.

RESPONDA A UMA PERGUNTA DIFERENTE

Se você se deparou com um problema que parece grande, estranho ou caro demais para ser resolvido, experimente usar o pensamento lateral. Primeiro, encare-o como uma pergunta. Então, analise se está realmente fazendo a pergunta certa – ou se pode refazê-la, com uma resposta possível.

> **O PROBLEMA QUE DESAPARECEU**
> Diz-se que certa vez houve uma empresa cuja matriz era em um prédio alto. Infelizmente, os elevadores estavam muito lentos, e os funcionários começaram a reclamar por ter de esperar tanto. Então o administrador do prédio encontrou uma solução brilhante: instalou espelhos do lado de fora dos elevadores, e o problema acabou. Por quê? Em vez de andar para lá e para cá esperando, os funcionários passaram a se olhar no espelho – arrumando a gravata, retocando a maquiagem etc.

DO IMPASSE AO DRIBLE

A história acima é muitas vezes citada como um exemplo de pensamento lateral. O problema original – como fazer os elevadores irem mais rápido – nunca foi resolvido. Em vez disso, o administrador do prédio resolveu um problema diferente: como manter as pessoas ocupadas enquanto esperavam.

Você pode aplicar esse princípio para qualquer problema que quiser, em qualquer área da vida. Por exemplo, se estiver enfrentando uma dor de cabeça no trabalho por ter de "reduzir os custos este ano", você poderia pensar em "como aumentar a renda este ano".

Também é possível aplicar o pensamento lateral à vida diária. Por exemplo, tive um problema com uma árvore no jardim de uma casa vazia vizinha à minha, que estava bloqueando a luz do meu jardim. Meu problema era "como entrar em contato com o inacessível proprietário", para que eu pudesse chegar até a árvore passando pela casa dele. Então me ocorreu que a árvore também podia ser alcançada com uma escada a partir do meu jardim. Não precisei lidar com o problema original – eu o driblei completamente.

A TÉCNICA DO "COMO"
Quando você redefine o problema e tem ideias novas, as soluções parecem óbvias, mas ainda assim elas parecerão engenhosas para qualquer um que esteja preso a um pensamento fixo para resolver o problema inicial.
- Comece definindo o problema inicial pensando "Como...".
- Agora faça duas perguntas: "*Por que* isso é um problema?" e "*O que me impede* de resolvê-lo?".
- As respostas a essas questões revelarão problemas associados, que também podem ser repensados "Como...". No exemplo do elevador, entre as questões alternativas de "como", estariam: "como posso encontrar outra maneira de subir enquanto os elevadores não são substituídos?" ou "como evitar usar o elevador quando tenho uma reunião?".

OLHE O MUNDO COMO UMA CRIANÇA

As crianças têm uma perspectiva renovada do mundo, que é uma das coisas que as tornam tão criativas. Se você está tentando encontrar uma nova abordagem para uma situação complexa, pense como explicaria isso a uma criança. Que imagens usaria para ilustrar a situação? Como explicaria de maneira que ela pudesse entender? Como você transformaria o problema em uma história?

CHAME OS CONSULTORES

Às vezes eu aplico um exercício para executivos seniores no qual lhes digo que irão conhecer alguns dos consultores mais criativos que conheço. Esses consultores, eu explico, são encorajados a usar a imaginação, têm um desejo constante para conhecer e experimentar e não veem problemas em oferecer suas ideias radicais sobre como resolver os problemas do mundo.

Então os "consultores" entram na sala. Eles são, é claro, crianças de sete anos de idade. Cada executivo precisa explicar a elas sua função e um problema que está tentando resolver, e as crianças fazem desenhos e oferecem ideias para resolvê-lo.

Normalmente as ideias das crianças são ingênuas e simplistas e mostram coisas que os adultos não conseguem ou não querem enxergar.

E, o mais importante de tudo, o jargão que muitas vezes domina a vida dos adultos não faz sentido para as crianças. Obrigar-se a retornar ao linguajar simples ajuda a limpar a mente e clareia as ideias.

SIMPLIFIQUE

Se você não conhece uma criança para pedir conselhos, tente os métodos a seguir. Todos eles ajudam a simplificar um problema para que você possa compreender a sua essência.

* * * * *

Escreva o problema em um parágrafo curto. Então, reduza-o a uma frase e depois a três palavras. O desafio máximo é reduzir o problema a uma única palavra.

* * *

Explique o problema a alguém que não entenda nada do assunto. Então lhe peça para explicá-lo novamente a você. A versão dela tenderá a ser mais simples. Se ela não entender, esclareça alguns pontos e peça que lhe conte o problema novamente.

* * *

Monte o problema na forma de um gráfico ou um desenho (ou recorte e cole imagens da internet ou de uma revista) e acrescente não mais que cinco palavras como rótulos ou anotações. As imagens podem traduzir ideias complexas de um modo mais conciso.

* * *

Não se concentre no problema — imagine qual seria a solução, e explique-a em dez palavras. Identificar a solução torna o problema mais claro.

"A vida é muito simples, mas insistimos em torná-la complicada."

Confúcio (551–479 a.C.)

PERGUNTAS SIMPLES

A seção anterior registrou a postura das crianças diante do mundo, e uma das perguntas favoritas delas é "Por quê?". Muitas vezes, elas gostam tanto que a repetem sem parar. Fazer o mesmo pode inspirá-lo a pensar lateralmente. Outras perguntas muito simples, como "Quem?" e "O quê?", podem ajudar a aumentar e refinar suas ideias.

Eu tenho seis serviçais honestos
(eles me ensinaram tudo que sei);
seus nomes eram O Quê, Por Quê, Quando,
Como, Onde e Quem.

Rudyard Kipling (1865–1936)

PERGUNTE "POR QUÊ?" VÁRIAS VEZES

Você não está limitado a perguntar "Por quê?" apenas uma vez. Continue perguntando várias vezes para ajudá-lo a chegar à raiz da questão. A técnica do "Por quê? Por quê?" é conhecida há anos para resolver problemas.

Eu me lembro de uma situação em que a técnica mostrou como é fácil observar um problema em detalhes e, da mesma forma, como pode ser simples sair de uma situação difícil. Foi quando eu fazia parte de um grupo grande que organizava conferências para professores, e tentávamos decidir uma data. Já havia sido decidido que a conferência deveria ocorrer entre sexta e segunda-feira, perto da Páscoa, mas alguns estavam preocupados com a possível baixa frequência no último dia.

Acabamos encontrando uma solução, mas poderíamos tê-la encontrado muito antes se tivéssemos simplesmente aplicado a técnica do "Por quê?" logo de cara. Nosso pensamento era mais ou menos assim:

> Precisamos encontrar maneiras de aumentar a audiência no último dia da conferência.
>
> *Por quê?*
> Porque a maioria das pessoas com que falamos não poderá comparecer neste dia.
>
> *Por quê?*
> Porque é segunda-feira, os professores trabalham.
>
> *Por que a conferência precisa terminar numa segunda-feira?*
> Porque ela tem quatro dias de duração e precisa pegar o fim de semana.

Esse processo poderia ter continuado por muitos outros estágios, com cada resposta gerando mais ideias. Na verdade, a solução veio no terceiro "por quê": "Por que a conferência precisa terminar numa segunda-feira?". Em vez de começar na sexta e terminar na segunda, simplesmente mudamos o início para quinta e o término para domingo. Assim como muitas soluções "fora da caixa", essa pareceu óbvia depois de concebida. Ainda assim, quando estamos concentrados nas minúcias, tais soluções podem parecer um relâmpago de inspiração.

E PERGUNTE QUEM, O QUÊ, ONDE, QUANDO E COMO

Perguntar "Por quê?" é uma maneira de explorar um problema. As outras cinco questões – "Quem?", "O quê?", "Onde?", "Quando?" e "Como?" – são maneiras de ajudá-lo a concentrar-se na parte prática, mas elas também podem encorajá-lo a pensar lateralmente e gerar outras ideias sobre o problema. Parecem banais, mas ajudam a levantar questões relevantes, e o simples ato de articular cada aspecto pode sugerir outros pontos de partida.

O quadro abaixo dá alguns exemplos de cada tipo de pergunta, mostrando como essas questões podem revelar aspectos específicos de um problema. Elas podem facilmente levar a questionamentos associados, que acabam indicando a direção de novas ideias e possíveis soluções.

QUEM	é parte do problema? Existem outras pessoas que eu possa envolver?
O QUÊ/ QUAL	é o problema? O que está me impedindo de agir? Que objetos e ideias posso dispensar? O que mais posso usar?
ONDE	estou planejando resolver o problema? Por que não fazer em outro lugar?
QUANDO	estou planejando encaminhar o problema? Por que não fazer algo a respeito antes, ou depois?
COMO	estou me saindo na resolução do problema? Há outra maneira?

COMECE PELO FIM

Todos temos sonhos sobre o que gostaríamos de ser ou fazer na vida, e parte do motivo de as pessoas quererem ser criativas tem a ver com realizá-los. Você pode começar a dar asas à sua imaginação ao tentar essas aspirações.

IMAGINE QUE VOCÊ JÁ FEZ

Qualquer que seja sua meta, imagine-se atingindo-a. Uma vez que se imaginar bem-sucedido, comece a pensar de trás para frente. Pergunte-se como você chegou lá. Qual foi o último passo? E o anterior a ele? Ao rastrear todo o caminho de volta até o início, você pode criar um plano para chegar ao seu destino.

Para dar vida a esse conceito, imagine-se em uma situação particular, por exemplo, sendo entrevistado:

- "De qual parte do projeto você mais gostou?"
- "Como você se sente agora que atingiu seu objetivo?"
- "O que as pessoas estão dizendo sobre você?"
- "Como a sua vida melhorou?"
- "Quais possibilidades essa conquista abriu para você?"
- "Qual o maior desafio que você enfrentou? Como você o superou?"
- "Essa empreitada foi difícil para seus amigos e seus familiares?"

Essa abordagem pode ajudá-lo a ter clareza sobre quais são suas reais prioridades e quais os problemas mais importantes a ser resolvidos.

OUÇA OS SEUS DEVANEIOS

Os devaneios podem distrair nossa atenção – mas são maravilhosos para o pensamento criativo. Alimente esse hábito, escute sua voz interior. É ela que pergunta "E se...?" e pondera com "Se acontecesse..." ou "Eu gostaria que...". Esses pensamentos podem ajudar a destravar novas ideias.

LIBERE A SUA MENTE

Enquanto você lê ou escuta informações novas, sua mente tende, de vez em quando, a se perder. A parte lógica do cérebro absorve os fatos e decifra a linguagem, e a parte intuitiva sai pela tangente, fazendo perguntas e conexões. Os dois processos são necessários, pois lhe dão conhecimento para resolver problemas.

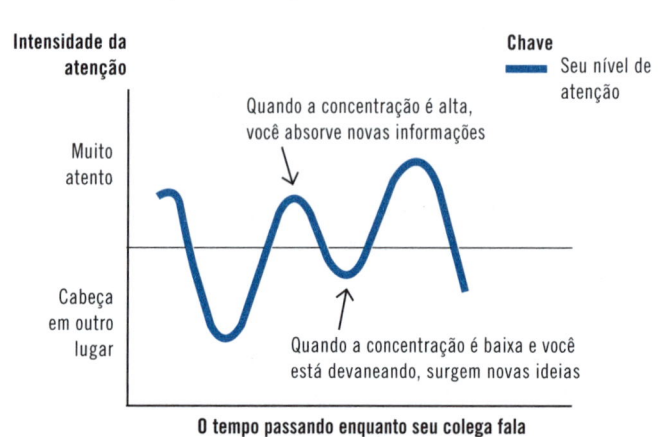

Intensidade da atenção

- Muito atento
- Cabeça em outro lugar

Quando a concentração é alta, você absorve novas informações

Quando a concentração é baixa e você está devaneando, surgem novas ideias

Chave — Seu nível de atenção

O tempo passando enquanto seu colega fala

A TÉCNICA "EU GOSTARIA"

As palavras "Eu gostaria que..." fazem você soltar todas as amarras por um tempo. Essa liberdade pode ser uma maneira simples de ajudá-lo a ultrapassar um ponto onde está empacado.

* * * * *

Comece definindo seu problema ou sua meta. Imagine que está conversando com um amigo e deixe suas ideias fluírem. Procure respostas breves para as perguntas:

> *"Qual é o problema?"*
>
> *"O que está me atrapalhando?"*
>
> *"O que já tentei fazer?"*

Registrar sua descrição no papel ou em áudio pode ajudar.

Espere um pequeno intervalo de tempo, então leia ou ouça a sua descrição. Enquanto fizer isso, deixe a mente livre e anote o que você espera ou gostaria que acontecesse, começando cada frase com as palavras: "Eu gostaria que...". Escreva pelo menos dez desejos. Você pode desejar o que quiser — mesmo algo impossível — ou que o problema desapareça.

Use esses desejos como pontos de partida para avaliar o problema com um olhar renovado.

Fazer este exercício com um amigo pode ser melhor — um de vocês descreve o problema, e o outro registra os desejos.

COMPARE E DIFERENCIE

A autora francesa Madame de Staël certa vez disse: "A inteligência consiste em perceber as semelhanças entre coisas que são diferentes e a diferença entre coisas que são parecidas". Comparar e diferenciar pode dar uma nova visão a situações familiares.

PROCURE AS CONEXÕES

Aleatoriamente, escolha dois itens aparentemente sem relação alguma entre si em uma enciclopédia e veja quantas semelhanças consegue encontrar entre eles. Por exemplo, eu escolhi as seguintes palavras:

VITAMINAS   FOTOGRAFIAS

À primeira vista, ambas não têm nenhuma ligação ou semelhança. Mas se você pensar melhor...
- **Ambas** são coisas que as pessoas "consomem"...
    ... e normalmente consomem muito mais do que precisam!
- **Ambas** necessitam de processos de transformação para existir.
- **Ambas** são palavras do gênero feminino.
- **Ambas** resultaram de inúmeras experiências e pesquisas.

Aplique esse tipo de pensamento em outras situações aparentemente desconexas, para ajudá-lo a encontrar novas abordagens para um problema.

O TESTE DAS CONEXÕES

Se você já passou pela situação de enfrentar um problema e dizer: "Essa situação não tem nada em comum com qualquer outra coisa que eu já fiz", desafie a si mesmo a fazer o teste das conexões.

* * * * *

Descreva brevemente o problema que está tentando resolver. Por exemplo: "Como fazer meus filhos ajudarem nas tarefas domésticas?".

* * *

A seguir, transforme essa questão específica em um problema genérico: "Como fazer as crianças realizarem tarefas que não desejam?" ou até mesmo, "Como fazer as pessoas realizarem tarefas que não desejam?".

* * *

Pense em outras situações nas quais esse problema genérico surgiu. "Fazer as pessoas realizarem tarefas que elas não desejam" se aplica a todo tipo de situação – por exemplo, como convencer pessoas medrosas a doar sangue ou fazer os motoristas ficarem dentro do limite de velocidade.

* * *

Para convencer pessoas medrosas a doar sangue, talvez seja preciso mostrar quão importante é essa atitude. Seguindo a mesma lógica, você poderia dizer para seus filhos que a casa arrumada ajuda-os a encontrar as coisas e, assim, sobra mais tempo livre para ficar com eles.

Para fazer os motoristas dirigirem mais devagar, há o limite de velocidade bem claro. Para as crianças, monte um quadro atribuindo tarefas para cada uma (passar o aspirador de pó, dobrar a roupa lavada) e coloque estrelas douradas quando fizerem o combinado.

UMA PERSPECTIVA DIFERENTE

Se você se pega enfrentando sempre o mesmo "velho problema", pergunte-se o que pode ser diferente desta vez. É como diz o ditado: "Se você sempre faz o que sempre fez, sempre conseguirá o que sempre conseguiu". Mesmo uma pequena mudança pode ajudá-lo a romper o padrão. Uma maneira simples, porém eficaz, de fazer essa mudança é tentar a abordagem de outra pessoa.

Um dos muitos reality shows que fizeram sucesso na tevê foi um programa em que esposas trocavam de família por duas semanas. Por uma semana elas tentavam impor as suas regras na nova casa, e na seguinte todos tinham de viver de acordo com as novas regras. Em nome da audiência, normalmente as trocas eram entre pessoas com valores e estilos de vida completamente diferentes e com frequência terminavam em gritaria.

Mesmo assim, viver a vida de outra pessoa temporariamente – experimentar seu emprego, viver em sua comunidade, socializar com seus amigos ou fazer suas compras – pode revelar muito, tanto sobre sua maneira de pensar como sobre a dos outros. Experimente:

- **Pergunte-se: com quem eu poderia trocar de vida por uma semana?**
  Um vizinho? Um parente em outro país? Meu filho?
- **Mantenha a coisa simples.**
  Uma troca de estilo de vida completa pode ser muito complicada, então escolha apenas algumas atividades. Troque receitas e cozinhe o prato predileto ou assista a um dos filmes preferidos de outra pessoa.

INVERTA O PROBLEMA

Outra maneira de sair de um problema difícil é virá-lo do avesso. À primeira vista, essa técnica parece absurda, mas olhar de outro ângulo pode proporcionar insights surpreendentes e soluções perfeitamente razoáveis.

MENOS PRESSA, MAIS VELOCIDADE

Para dar um exemplo, como é possível fazer os carros irem mais rápido em uma via congestionada? Por incrível que pareça, uma solução eficiente é fazê-los andar mais devagar. Essa ideia parece uma charada de *Alice no país das maravilhas*, mas a explicação é bastante lógica. Quando os carros vão depressa, os motoristas têm menos tempo para reagir e estão mais suscetíveis a frear bruscamente, o que pode fazer o trânsito parar. Se a velocidade for limitada, o trânsito se move de maneira mais constante, e, como a tartaruga versus a lebre na fábula de Esopo, as pessoas podem chegar antes ao destino.

> **O CARRINHO EXPANSÍVEL**
> A técnica da inversão foi bem utilizada por um designer que tentava criar um carrinho de serviço menor para os aviões (assim as pessoas não precisariam se espremer para passar pelos corredores). Em busca de inspiração, ele analisou o problema ao contrário: "Como tornar o carrinho maior?". Sua solução foi fazê-lo deslizar em trilhos suspensos (o único lugar onde caberia). Se o carrinho fosse maior, ele poderia colocar o forno para aquecer a comida dentro deles, assim a cozinha poderia ser menor e seria possível colocar mais assentos no avião. Essa ideia acabou se mostrando aplicável e foi patenteada.

POR QUE A INVERSÃO FUNCIONA?

Essa técnica funciona porque é uma maneira imediata e proposital de desafiar nossas suposições. Mesmo que não gere uma solução prática, pode ajudar a dar uma nova perspectiva ao problema.

Outra vantagem da técnica da inversão é que ela torna o problema mais divertido. Há algum apelo à mente humana no fato de fazer o oposto do que se deveria. Virar um problema de cabeça para baixo torna mais fácil o processo de gerar ideias. Por exemplo, se você está se esforçando para guardar dinheiro, tente pensar em maneiras revoltantes de gastá-lo. Suas opções podem revelar as coisas de que não precisa, mas está tentado a comprar.

COMO USAR A TÉCNICA

Quando você dirige um carro e chega a uma rua sem saída, precisa dar marcha-ré. A técnica da inversão funciona da mesma maneira – ajuda a explorar diferentes vias quando o caminho à sua frente parece bloqueado. Você pode usá-la para qualquer problema, no trabalho e em casa. Aqui estão alguns exemplos:

Mandar cartões de Natal

Em vez de se preocupar em como mandar os cartões de Natal mais cedo este ano, pense em como mandá-los mais tarde.

Se você coloca os cartões de Natal no correio tarde demais, eles podem chegar às pessoas apenas no final do ano – o que sugere a ideia de mandar cartões de Ano-Novo em vez dos de Natal. Não é uma ideia tão maluca: ninguém tem mesmo tempo para ler todos os cartões e cartas antes do Natal, então suas felicitações podem ter mais impacto se você atrasá-las.

Levar seus filhos para a aula de futebol
Em vez de pensar em como você pode levar seus filhos até a aula de futebol, pense em como eles podem levar *você*.
O que isso quer dizer? Você poderia levar ao pé da letra – e fazê-los prender um carrinho na bicicleta deles e puxá-lo. Mas há maneiras mais práticas de interpretar esse desafio. Talvez, em vez de correr atrás das crianças para que fiquem prontas, você possa mudar a ênfase para fazê-las definir o que precisa ser feito antes de sair de casa.

VÁRIAS MANEIRAS DE INVERTER
Normalmente, há mais de uma maneira de inverter um problema. Então, "como conseguir um emprego novo?" pode se tornar "como ficar no meu emprego atual?" ou "como conseguir um emprego *antigo*?" (isso pode querer dizer voltar a algum dos seus antigos empregos) ou "como fazer um emprego novo me encontrar?". Cada frase indica uma direção diferente para ideias possíveis.

Da mesma maneira, se você está procurando uma casa nova, "como encontrar um bom lugar para morar que eu possa pagar?" pode se tornar "como achar um lugar ruim para morar que eu possa pagar?" (talvez você descubra que não é tão ruim assim), "como encontrar um bom lugar que eu não possa pagar?" (e então encontrar uma maneira de dar conta de pagar) ou "como parar de procurar por um bom lugar?" (ficar onde estou e deixar o destino decidir por mim).

EXERCÍCIOS DE PENSAMENTO LATERAL

Os quebra-cabeças que envolvem o pensamento lateral podem ser uma maneira rápida e eficiente para exercitar o cérebro, além de serem divertidos. Os exercícios a seguir desafiam sua capacidade visual e lógica. (As respostas estão nas pp. 137-138.) Quão longe da caixa você pode ir?

SAIR DA CAIXA DE NOVO

No quebra-cabeça de nove pontos da página 8 deste livro, você foi desafiado a encontrar uma maneira de ligar todos os pontos usando apenas quatro linhas retas, sem que sua caneta saísse do papel. Na verdade, é possível resolver esse quebra-cabeça usando três linhas – e há mais de uma maneira de fazer isso com apenas uma linha só. Você consegue descobrir, sem quebrar as regras?

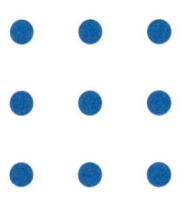

Há uma versão menos conhecida desse quebra-cabeça, com 16 pontos (veja na página a seguir). Você precisa fazer cada ponto ser atravessado ao menos por uma linha, sem tirar a caneta do papel, usando apenas seis linhas. O quebra-cabeça de 16 pontos tem pelo menos dez respostas, sem contar as "pegadinhas". Se você sabe a resposta do quebra-cabeça de nove pontos, deve levar apenas alguns minutos para encontrar a resposta deste. Encontrar outras respostas leva mais tempo e é preciso pensar bem além da caixa.

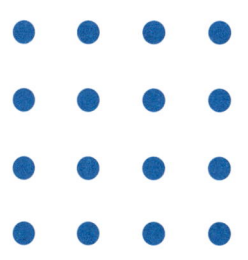

QUESTÕES QUE CONFUNDEM
Experimente as pegadinhas a seguir. As respostas estão na página 138.

Pergunta 1
Se olhar as estatísticas, você descobrirá que os canadenses comem menos em fevereiro que em outros meses.
Por quê?

Pergunta 2
"Quantos anos você tem?", Estevão perguntou para Selma. "Há alguns dias eu tinha 12", Selma respondeu, "mas ano que vem terei 15."
Como isso é possível?

Pergunta 3
Na sequência de letras a seguir, qual é a próxima?
U D T Q C S S

INTERLÚDIO
A BAGUNÇA CRIATIVA

Otto von Bismarck certa vez disse: "Pessoas que gostam de salsicha e respeitam a lei nunca devem ver como elas são feitas". O mesmo princípio se aplica à inovação. Temos a tendência de encarar a criatividade como um raio de inspiração que leva a um resultado brilhante. O que raramente enxergamos é o processo bagunçado para chegar lá – os becos sem saída, as discussões e os protótipos inúteis. Aqui estão alguns dos meus exemplos favoritos.

OPERA HOUSE, SYDNEY, AUSTRÁLIA

A Opera House de Sydney, projetada pelo arquiteto dinamarquês Jørn Utzen, se tornou um dos maiores ícones da Austrália. Com vista para a ponte Harbour, é uma das paisagens mais fotogênicas do mundo. Ainda assim, seu projeto e sua construção se tornaram, por um tempo, motivo de gozação e vergonha.

A ideia era simples e linda: fazer o prédio lembrar um veleiro alto passando pelo porto. O projeto original tinha telhados intercalados, parecidos com os que vemos hoje, mas cada telha tinha um formato curvo complexo, o que tornava o processo de cobri-los caro e difícil. Foi só quando alguém teve a ideia de dar o formato de segmentos de esfera que o problema foi resolvido.

O projeto foi assombrado por gastos excessivos, polêmicas e mudanças de última hora. Mas, quando a Opera House foi concluída, 16 anos depois, o público perdoou tudo, e todos a amam desde então.

A DESCOBERTA DOS REMÉDIOS

A história do desenvolvimento dos remédios é repleta de descobertas acidentais e de negligência. O exemplo mais famoso é a penicilina. O biólogo escocês Alexander Fleming voltou ao seu laboratório uma manhã e descobriu que um pouco de poeira que entrou pela janela havia matado as bactérias que ele estava cultivando. A substância invasora era um fungo chamado *Penicillium notatum*. Bem menos conhecido é o fato de isso ter acontecido em 1928 – mais de 13 anos antes de um paciente ser tratado com sucesso com o medicamento.

A descoberta ficou esquecida porque Fleming não achou que ela teria muita utilidade. Foi preciso muito trabalho, insights engenhosos e tentativas e erros de outros cientistas na Inglaterra e nos Estados Unidos até que a penicilina pudesse ser produzida em quantidades significativas para uso medicinal.

O óxido nitroso, um dos primeiros anestésicos de que se tem notícia, tem história parecida. Descoberto em 1795, foi usado apenas de modo recreativo, como "gás do riso", pelos 50 anos seguintes.

Certa noite, em uma demonstração, um voluntário machucou a perna e não sentiu dor. Por acaso, ele era dentista e pensou imediatamente em um bom uso para aquele gás anestesiante.

"YESTERDAY" E OUTRAS LETRAS

Quando uma música entra nas paradas de sucesso, sua letra se torna parte da cultura. Como qualquer obra criativa, as músicas passam por diversas mudanças e revisões antes de chegar à forma final.

A maioria das músicas começa como o fragmento de uma ideia. Paul McCartney já contou como ele acordou com a melodia de "Yesterday" na cabeça. Na falta da letra, ele decidiu chamá-la de "Scrambled Eggs" (ovos mexidos) — palavras que cabiam no ritmo, mas certamente não soavam como uma música de sucesso.

Tim Rice documentou como as letras de *Evita*, o disco que se tornou um musical internacionalmente famoso, foram passando por vários rascunhos conforme o prazo da produção se aproximava. Você reconhece a música cujo verso de abertura, em um dos rascunhos, era "*All through my reckless and wild days*" (Nos meus dias inconsequentes e selvagens) e em outro era "*It's only your lover returning*" (É apenas seu amante voltando)? Os dois versos foram riscados no último instante e trocados por "*Don't cry for me, Argentina*" (Não chore por mim, Argentina).

POST-IT®

Atualmente, o Post-It® é comum nos escritórios e nas casas. Parece inacreditável que algo tão útil tenha levado tanto tempo para surgir.

Em 1968, Spencer Silver, um químico que trabalhava para a empresa 3M, descobriu uma cola muito fraca. Ao buscar uma utilidade para o seu produto, a 3M desenvolveu o quadro de avisos Post-It®, que tinha uma superfície colante dura para que as pessoas não precisassem usar alfinetes. Não deu muito certo.

A ideia seguinte veio de Art Fry, pesquisador da empresa. Sentado na igreja certo dia, ficou frustrado porque os pedaços de papel que usava para marcar o hinário caíam a todo momento. Foi quando teve a ideia de pôr um pouco de cola nos marcadores, usando a cola fraca da 3M. Ele testou a ideia no trabalho, mas poucos se interessaram. Tempos depois, Fry teve seu segundo *flash* de inspiração: escrever um lembrete num marcador com cola e grudá-lo em um documento. A partir daí, a ideia se tornou popular. Mesmo assim, ele enfrentou resistência na empresa e a falta de interesse do público. No entanto, muitos na 3M acreditavam que a ideia era boa e fizeram outro lançamento em 1980, dessa vez com o nome de Post-It®.

Muitas inovações não são reconhecidas de início, e o processo criativo pode ser árduo. Por isso, não desista na primeira tentativa.

CAPÍTULO 4

COMO GERAR IDEIAS

De onde vêm as ideias? 76

Aqueça sua mente 78

Padrões de pensamento 80

Faça algo completamente diferente 82

Procure uma segunda opinião 83

Pessoas inspiradoras 84

Dobre a realidade 86

De modo figurado 90

Ideia velha + ideia velha = ideia nova 92

Armazene ideias 95

Acaso 96

Quando as palavras colidem 98

Escolha um tema 101

Tenha um plano B 103

O capítulo anterior tratou de maneiras para contornar um problema. Mas às vezes você não pode evitar o assunto e simplesmente tem de ter boas ideias. É nesse ponto que você pode se sentir preso. Por exemplo, precisa escolher para onde ir nas férias e só consegue pensar nos mesmos lugares de sempre ou precisa escrever um discurso e não consegue passar da primeira linha.

A maioria das pessoas se esforça para ter uma "boa" ideia logo de cara, e que ela seja original. Se você quer sair da caixa, sair da sua rotina, às vezes é melhor experimentar o contrário: primeiro procure ideias originais e então veja se consegue adaptá-las à sua necessidade. Neste capítulo, analisaremos maneiras para inspirar novas ideias a partir das experiências cotidianas à sua volta ou dando um chacoalhão proposital na mente.

DE ONDE VÊM AS IDEIAS?

Certas situações oferecem um solo fértil para ideias. Se você sabe quais são elas, pode dar os passos para criá-las. Dessa maneira, conseguirá ter ideias com mais facilidade em vez de esperar a inspiração bater.

DETONADORES DE IDEIAS
O que faz as ideias surgirem na sua cabeça? Em geral, é mais provável que você as tenha nas circunstâncias a seguir:

Um motivo
É improvável que você tenha ideias se não tiver um motivo. Até meados da década de 1990, poucas pessoas usavam a internet, mas, atualmente, milhões de pessoas têm o próprio site ou blog. Exponha-se a novas situações para disparar novas ideias.

Uma necessidade – a mãe da invenção
Você sabe como construir uma casa e viver da terra? Caso se veja repentinamente preso numa ilha deserta, não terá outra escolha senão aprender! As ideias fluem quando se precisa delas, então fingir – ou até mesmo criar – uma crise é uma maneira de garantir que as ideias surjam.

Cansado da mesmice
Sentir-se insatisfeito com uma situação é um forte impulsionador de ideias. Por exemplo, na Londres do século 19, os esgotos abertos

desembocavam no rio Tâmisa e tornavam muitas áreas malcheirosas. Os políticos não fizeram quase nada até "O Grande Fedor" do verão de 1858, quando o odor do rio se tornou tão horrível que o Parlamento fechou as portas. Só assim todo mundo teve ideias de como resolver o problema. O resultado foi o sistema de saneamento que existe até hoje.

Ver a ideia de outra pessoa

As ideias se espalham pelas comunidades como um vírus. Se um formador de opinião constrói um deque no jardim, de repente todos o querem. Quanto mais observar como as pessoas inventam coisas ou resolvem problemas, maior a chance de achar soluções para si próprio.

Estar "maduro"

As fontes de ideias estão aí, mas, para que se destaquem, precisamos alcançar o estado mental que o filósofo Arthur Koestler descreveu como "maduro": a maturidade para ter novas ideias está relacionada ao envolvimento com o problema.

> **UM PROBLEMA ENROSCADO**
> Na década de 1940, o engenheiro suíço George de Mestrel começou a pensar em como criar uma maneira melhor para fechar as roupas após o zíper do vestido de sua mulher ter emperrado. Meses depois, enquanto passeava pelas montanhas, notou algumas sementes grudadas no pelo do seu cachorro. As sementes tinham pequenos ganchos que se enroscavam nos cachos do pelo do cachorro. Como a mente de Mestrel estava "madura" para uma ideia sobre fechos, ele bolou o conceito de ganchos com Velcro®.

AQUEÇA SUA MENTE

Antes de um jogo ou de uma competição, os esportistas se aquecem. Pensadores criativos podem fazer a mesma coisa. Se estiver se sentindo sem inspiração ou cansado, uma atividade para energizar a mente ou distrair-se pode fazer uma grande diferença.

ENERGIZANTES INSTANTÂNEOS

As dicas a seguir podem dar um impulso imediato se você sente que sua energia, física ou mental, está em baixa:

- **Atividade física**
  Levantar e andar de um lado para o outro, dar uma volta ou correr um pouco são atividades que podem acelerar o ritmo do seu cérebro. A atividade faz o sangue circular, deixando-o mais alerta, e mudar o cenário estimula a mente.
- **Música**
  Já ouviu falar no "efeito Mozart", segundo o qual ouvir Mozart aumenta as habilidades de pensamento? No entanto, não precisa ser Mozart – pode ser rock, pop ou outro ritmo de que você goste. Ouça a música que funciona como estimulante para você.
- **Humor**
  O pensamento criativo e a risada estão estreitamente ligados. As ideias criativas são aquelas que subvertem as nossas expectativas. Então, se você está se sentindo sem ideias, encontre algo ou alguém que o faça rir.

JOGOS DE ESTÍMULO MENTAL

Jogos e quebra-cabeças são outra maneira ideal de preparar a mente para o pensamento criativo. Você pode experimentar as sugestões a seguir, sozinho ou com amigos.

* * * * *

Só ou acompanhado
Imagine a primeira frase de um livro
Pegue um livro que você ainda não tenha lido. Tente adivinhar a primeira frase antes de abri-lo.

Quais serão as manchetes de amanhã?
Muitas vezes é fácil prever as principais notícias dos jornais, mas como serão as manchetes? Veja as notícias na tevê ou no rádio e tente criar uma manchete concisa para elas.

* * *

Em grupos
Duas verdades e uma mentira
Cada um escreve, sem que os outros vejam, duas verdades e uma invenção. Então cada um lê em voz alta e os demais têm de adivinhar qual é mentira. A habilidade está em inventar mentiras plausíveis.

Invente uma definição
Cada um na sua vez deve escolher uma palavra estranha no dicionário. Todos escrevem uma definição para ela no papel e colocam em um cesto. A definição verdadeira também é colocada junto. Cada definição é lida em voz alta. Faz pontos quem acertar a definição correta e quem tiver a definição que inventou escolhida como verdadeira por alguém.

PADRÕES DE PENSAMENTO

Você pode ajudar as ideias a fluir simplesmente colocando-as primeiro no papel. No entanto, normalmente elas vêm sem lógica, embaralhadas, e é possível que pareçam desconexas. Elas podem fazer mais sentido se tentar mostrá-las na forma de um diagrama.

COMO FAZER UM DIAGRAMA-ARANHA

Uma maneira de estruturar as ideias é usar um diagrama-aranha (conhecido pelo nome técnico de mapa semântico). Veja o exemplo na página ao lado.

Escreva o assunto central das suas ideias (por exemplo, "Presente de agradecimento para a tia Magda") no meio de uma página — esse será o "corpo" da aranha. Escreva ideias relacionadas em volta e então desenhe linhas para ligá-las ao corpo, formando as "pernas". Sua "aranha" pode ter inúmeras pernas, e cada uma pode se desdobrar em outras pernas, conforme você criar categorias e tiver ideias diferentes.

A vantagem dessa técnica é que ela leva suas ideias para várias direções, em vez de apenas uma única, como acontece em uma lista. Ela também permite que você faça conexões por associação, o que imita a maneira como o cérebro funciona. Às vezes pode dar a sensação de que ela está puxando ideias de você — se uma parte do papel está em branco, está implorando para ser preenchida por uma nova "perna" e novas ideias.

Ela também funciona para lembrar informações, fazer notas ou estruturar uma palestra.

Presente de agradecimento para a tia Magda

- **Comida**
  - Jantar fora
  - Ingredientes especiais
- **Em casa**
  - Cozinha
  - Quarto
- **Cosméticos**
- **Diversão**
  - Livro
  - Ingresso de cinema
  - CD
- **Luxo**
  - Agradar
    - Estadia em um spa
    - Massagem
- **Economizar tempo**
- **Hobbies**
  - Fazer um *scrapbook*

FAÇA ALGO COMPLETAMENTE DIFERENTE

Certa vez perguntei a um compositor como ele havia criado uma nova música. Ele pegou uma folha em branco e esperou a inspiração? Nada disso: as ideias surgiam quando ele estava fazendo algo completamente diferente.

DISTRAÇÕES ÚTEIS

O melhor tipo de distração é uma tarefa comum que exija um pouco de concentração. Para um compositor, isso pode ser organizar partituras ou fazer uma pesquisa, mas também pode ser algo que não tenha nada a ver com música, como cortar grama. Você pode tentar fazer uma tarefa doméstica ou algo complicado, como montar um quebra-cabeça. O inventor Thomas Edison gostava de pescar. Sua intenção não era pegar um peixe: ele apenas queria ficar sozinho.

> **IDEIAS EM LUGARES IMPROVÁVEIS**
> O fato de as ideias poderem surgir a qualquer momento foi percebido pelo psicólogo Wolfgang Köhler. Um médico escocês certa vez lhe disse: "Sempre falamos dos três "cês": carro, cama e chuveiro. É nesses lugares que as maiores descobertas da nossa ciência são feitas".

Em primeiro lugar, mergulhe no seu desafio. Por exemplo, escreva seus objetivos e pesquise um pouco. Agora deixe a tarefa de lado por um tempo e se distraia com algo diferente. Isso vai ajudar seu inconsciente a gerar novas ideias.

PROCURE UMA SEGUNDA OPINIÃO

O pensamento criativo normalmente é visto como uma atividade solitária. Mas isso não funciona para todo mundo: na verdade, pode levar a bloqueios mentais. Você pode perder a perspectiva e seu pensamento pode envelhecer. Por isso, uma maneira muito eficiente de ajudar a construir ideias é encontrar alguém com quem partilhá-las.

DUAS CABEÇAS PENSAM MELHOR QUE UMA

O educador britânico Graham Wallas (1858-1932) demonstrou os benefícios de ter uma "caixa de ressonância" em seu livro *The Art of Thought* (A arte do pensamento). Ele cita uma menina que, ao saber que deveria ter certeza do que dizer antes de falar, reclamou: "Como eu posso saber antes de ouvir o que eu disse?".

Tenha cuidado na escolha de confidentes. Acima de tudo, você precisa de um bom ouvinte. Ser capaz de explicar suas ideias sem ser interrompido por alguém ou por uma risada pode ajudá-lo a formá-las e refiná-las. Talvez você já saiba como é contar sua ideia a alguém que apenas balança a cabeça como resposta e no final dizer: "Obrigado. Isso me ajudou muito!".

Ser questionado também ajuda. Se houver detalhes que você não levou em consideração, quem não conhece o assunto vai fazer perguntas para poder compreendê-lo e dará uma perspectiva renovada, acrescentando coisas novas aos seus conceitos. Há mais dicas de como ser criativo com outras pessoas no capítulo 5.

PESSOAS INSPIRADORAS

Pessoas famosas, em especial aquelas que você admira, podem ser uma fonte de inspiração. Observe-as e siga seu exemplo de comportamento e conquistas. Também é possível usar exemplos de pessoas famosas para imaginar diferentes formas de abordar determinados problemas.

> **O HERÓI DE UM DIRETOR**
> Billy Wilder foi um dos maiores diretores de cinema de todos os tempos, com filmes como *Quanto mais quente melhor* e *Crepúsculo dos deuses*. Wilder é um modelo para muitos outros diretores, mas ele também tinha sua fonte de inspiração – o inovador Ernst Lubitsch. Na parede de seu escritório havia uma placa que dizia: "Como Ernst Lubitsch teria feito isso?".

QUEM SÃO SEUS ÍDOLOS?

Mesmo as pessoas mais bem-sucedidas têm figuras que admiram. Nossa imagem dos ídolos quase sempre é distorcida: queremos conhecer suas melhores características, não suas fragilidades. Mas, com um pouco de ponderação, todo mundo pode se beneficiar por ter um modelo que reúna as qualidades a que aspira.

A influência de quem você gostaria de desfrutar? O que você admira nessa pessoa? Coloque a foto dela em um lugar visível – sobre o seu computador, na geladeira, no para-brisa do carro – e use-a como uma lembrança constante. Ou simplesmente imite Wilder e coloque a frase: "Como [meu ídolo] teria feito isso?".

COMO CONSEGUIR A AJUDA DOS SEUS HERÓIS

Em vez de se preocupar em como vai resolver um problema, coloque-se no lugar de uma pessoa famosa que conquistou objetivos ou resolveu problemas, ou pense em um personagem fictício. Por exemplo, imagine que você está tentando encontrar uma maneira de fazer as pessoas pararem de pixar os muros. Veja como três nomes famosos poderiam abordar o problema – é uma visão simplista desses personagens, mas pode lhe trazer ideias boas.

- **John Lennon** poderia, em suas próprias palavras, *"give peace a chance"* (dar uma oportunidade para a paz) e argumentar com os vândalos; ou poderia transformar as paredes em "muros da paz", estimulando frases e grafites com temas amigáveis e pacíficos.
- **Dorothy** (de *O Mágico de Oz*) poderia ficar nervosa, usar lágrimas para amolecer os corações, fazer os vândalos sentirem-se culpados e mostrar-lhes como o estrago está afetando outras pessoas.
- **Sherlock Holmes** analisaria as evidências, descobriria onde os pixadores obtinham seu material e quando cometeriam as infrações.

PERSONALIDADES RESOLVENDO PROBLEMAS

Cada pessoa ou personagem a seguir tem uma mentalidade diferente. Ao emprestá-las, você pode abrir novos caminhos para novas ideias.

Clark Kent/Super-Homem	Ronaldo	Nelson Mandela
Lula	Winston Churchill	Oprah Winfrey
Glória Menezes	Stephen Hawking	Bill Gates
Lara Croft	Madonna	Lineu Silva

DOBRE A REALIDADE

No jogo do "E se?" da p. 40, você teve de pensar além dos limites. É possível usar essa técnica em situações que exigem criatividade, explorando o que poderia acontecer se você mudasse as circunstâncias.

E SE ISSO FOSSE DIFERENTE?

A maneira mais simples de expandir o seu horizonte é se perguntar: "E se isso fosse diferente?". Essa pergunta pode ser uma das mais inspiradoras, pois abre muitas maneiras de abordar uma mesma questão, porque há muitos aspectos do problema que poderiam mudar.

Essa técnica pode ser exemplificada da seguinte maneira: imagine que você gostaria de criar um novo tipo de trem. Para torná-lo interessante, digamos que seja um trem turístico que percorre uma paisagem espetacular. Você pode achar que não há motivo para ser criativo. Mas, como em qualquer situação, não sabe quais ideias interessantes poderão surgir, a menos que explore as possibilidades de mente aberta.

O primeiro passo na técnica "E se isso fosse diferente?" é escrever tudo o que puder pensar sobre como as coisas são agora, não importa quão óbvio possa parecer. Para o trem, a lista poderia começar assim:

- A locomotiva fica na frente, puxando o trem.
- O maquinista vai na locomotiva.

- Os passageiros sentam-se nos bancos.
- Os passageiros olham para a paisagem pela janela.
- O trem viaja sobre trilhos.

Agora, para cada item da lista, você pode se perguntar: "E se isso fosse diferente?". Deixe a mente voar.

"A locomotiva fica na frente"
E se isso fosse diferente?
As locomotivas não precisam ir na frente – às vezes os trens são empurrados por trás. Se a locomotiva não estiver na frente, o vagão de passageiros estará.

Não seria ótimo se o vagão dianteiro fosse um vagão de observação, com uma vista fantástica? Mas seria seguro? Pois o maquinista precisa ver os trilhos. Isso leva à próxima pergunta da lista.

"O maquinista vai na locomotiva."
E se isso fosse diferente?
É possível que o maquinista não vá na locomotiva? Claro, essa configuração já existe em aviões, onde os pilotos sentam-se na frente, bem longe dos motores.

No nosso trem, poderíamos fazer o maquinista viajar em uma cápsula suspensa sobre o vagão de observação e a locomotiva principal ficaria no meio ou atrás. Se essa ideia parece maluca, saiba que um trem como esse já existe – o Crystal Panoramic Express, que atravessa os Alpes suíços.

OUTRAS QUESTÕES "E SE?"

"E se isso fosse diferente?" é uma pergunta muito ampla, e há maneiras mais específicas para dobrar a realidade e fazer o pensamento fluir.

E se você pudesse remover as limitações num passe de mágica?

Ter ideias é difícil quando há um monte de regras e exigências a ser seguidas. Em vez de procurar ideias que atendam a esses critérios, liberte-se e esqueça-se das limitações por um tempo.

Certa vez trabalhei com uma equipe que precisava criar um brinde para uma conferência na Holanda. No entanto, o item precisava custar menos de dez reais, ter um apelo holandês, ser um jogo, agradar a todos e ter a ver com o tema da conferência. Todas essas limitações nos deixaram sem ação, então simplesmente tentamos pensar em um jogo. Assim as ideias começaram a fluir ("coloque a orelha no Van Gogh", etc. Demos boas risadas).

Veja mais sugestões para experimentar:
- E se você fizesse as coisas em uma ordem diferente?
- E se dinheiro não fosse problema?
- E se isso fosse feito no Japão?
- E se isso fosse cem vezes menor?
- E se isso precisasse ser feito à noite?
- E se você parasse de tentar resolver?
- E se você fosse o objeto que está fazendo? Como se sentiria?

LEVE UMA IDEIA AO LIMITE

Exagerar é divertido! E também pode ajudar a quebrar barreiras do seu pensamento. Digamos que você esteja procurando maneiras de divulgar um bazar na escola dos seus filhos. Seus pensamentos podem seguir um padrão como esse – tornando-se cada vez mais terrível e depois voltando a ser mais prático.

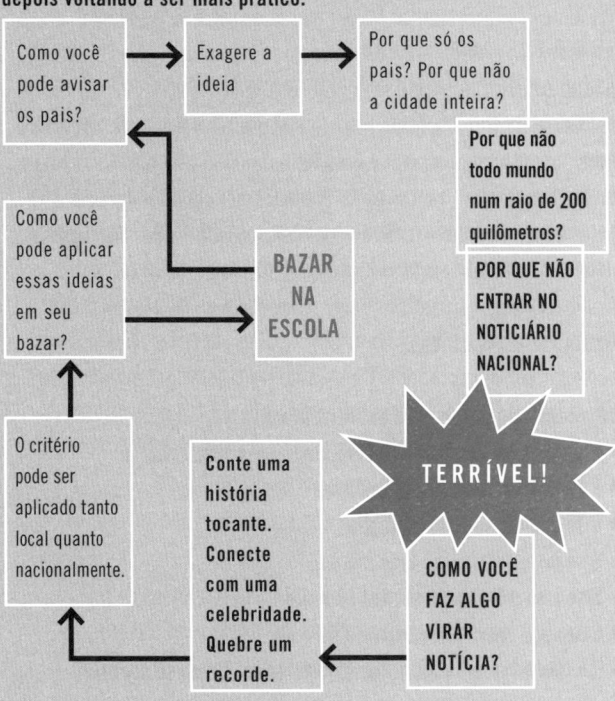

- Como você pode avisar os pais?
- Exagere a ideia
- Por que só os pais? Por que não a cidade inteira?
- Por que não todo mundo num raio de 200 quilômetros?
- POR QUE NÃO ENTRAR NO NOTICIÁRIO NACIONAL?
- COMO VOCÊ FAZ ALGO VIRAR NOTÍCIA?

TERRÍVEL!

- Conte uma história tocante. Conecte com uma celebridade. Quebre um recorde.
- O critério pode ser aplicado tanto local quanto nacionalmente.
- Como você pode aplicar essas ideias em seu bazar?

BAZAR NA ESCOLA

DE MODO FIGURADO

Nossa língua é muito rica em figuras de linguagem – como as analogias – para descrever as situações. Ao encontrar a expressão correta para descrever uma tarefa ou um problema, você pode criar uma imagem mais clara sobre eles e talvez ter novas percepções e ideias.

COM O QUE ISSO SE PARECE?

As figuras de linguagem podem ir do sublime, como nos versos do poeta inglês William Wordsworth – "Eu vagueio solitário como uma nuvem"–, ao ridículo, como na pérola de Homer Simpson – "Um menino sem um mau comportamento é como uma bola de boliche sem um miolo líquido". Para descrever o seu desafio, você poderia usar desde ditados conhecidos até os que você mesmo criar.

Por exemplo, dê outra olhada no problema descrito na p. 63: tentar fazer seus filhos cumprirem tarefas em casa. Você poderia começar se perguntando: "Como é tentar fazer alguém trabalhar?". Encontre comparações familiares como estas:
- "É como arrancar um dente!"
- "É como chover no molhado!"
- "É como tentar fazer a água subir o morro!"

Cada uma dessas analogias cria uma imagem clara das frustrações envolvidas, que podem ser extremamente úteis se você quiser comunicar seus pensamentos para outra pessoa.

Você também pode levá-las adiante, para ajudar a encontrar possíveis soluções.

- **"Como arrancar um dente!"**
  Você está pressionando demais e recebendo muitas reclamações, mas nada está dando resultado. Como um dentista resolveria um problema como esses? Ele deve ter um anestésico geral para o paciente não sentir dor. Talvez você pudesse aplicar um "anestésico", transformando as tarefas da casa em um jogo com pontos, então seus filhos não perceberiam o quanto é chato fazê-las.
- **"Como chover no molhado!"**
  O progresso é lento e você está encontrando muita resistência. Qual é a maneira de motivar seus filhos sem gastar muita energia? Falar com calma e de maneira lógica em vez de gritar? Pedir que ajudem a arrumar as áreas comuns, mas deixar que façam bagunça nos quartos? Um plano melhor seria pressionar em uma área frágil. Por exemplo, pague para que façam uma tarefa.
- **"É como tentar fazer a água subir o morro!"**
  Você não está tendo nenhum progresso. Então, como forçar a água morro acima? Uma maneira seria bombeá-la por meio de um aparelho ou um sistema à prova de vazamentos, então não haveria outro lugar para onde a água ir. Para fazer a atenção dos seus filhos não desviar, remova outras fontes de distração. Assim, eles teriam de se concentrar na tarefa em andamento.

IDEIA VELHA + IDEIA VELHA = IDEIA NOVA

Poucos de nós temos ideias realmente originais, mas podemos facilmente ter novas ideias misturando as antigas. Como diz a coreógrafa Twyla Tharp: "Nada é realmente original. Nem Homero, nem Shakespeare e com certeza nem você. Esqueça".

MISTURAR E COMBINAR

Todas as ideias novas são, de certa forma, uma recombinação de padrões antigos — mesmo assim, isso não impede que o resultado seja interessante. A música é um ótimo exemplo. O Oasis, uma banda de rock bem-sucedida dos últimos tempos, se baseou muito nas ideias dos Beatles. O quarteto londrino, por sua vez, se inspirou no rock, na música indiana, no country e no soul. Seu talento estava em combinar essas influências com letras criativas e instrumentos modernos.

Você pode ter ideias num instante, simplesmente misturando coisas que normalmente não andam juntas. Por exemplo, o quadro a seguir apresenta alimentos que normalmente misturamos. Para criar uma refeição nova, escolha um item da coluna da esquerda e um de uma linha diferente da coluna da direita.

Sorvete com curry... Panqueca com vinagrete... Carne de boi e morangos... Hambúrgueres com cobertura de chocolate? Essa lista certamente vai desafiar as papilas gustativas. Pode parecer um pesadelo culinário, mas talvez apenas porque você nunca tenha experimentado. Você consegue ver algum par que realmente funcionaria?

ALIMENTO PRINCIPAL	ACOMPANHAMENTO "NORMAL"
Hambúrgueres	Molho barbecue
Carne de boi	Vinagrete
Carne de porco	Purê de maçã
Carne de frango	Curry
Bacon	Ovo frito
Sorvete	Morangos
Panquecas	Recheio de queijo

O restaurante The Fat Duck, em Bray, no sul da Inglaterra – um dos melhores do mundo –, ganhou três estrelas no Guia Michelin por suas refeições inovadoras. O proprietário, Heston Blumenthal, combina alimentos que normalmente são consumidos separados. Entre as delícias que são servidas, há o sorvete de bacon com ovos, o mingau de ostras e o chocolate com tabaco.

COMBINAÇÕES EXISTENTES

Em quase toda área criativa, novas ideias podem ser formadas combinando-se ideias antigas. O xampu-condicionador e o lápis com borracha na ponta são exemplos de produtos criados dessa forma.

- **Moda**

  Um item da moda pode ser a simples recombinação de ideias antigas. Alguns estilistas apropriam-se de fontes históricas, como Vivienne Westwood e suas criações baseadas em vestidos dos séculos 17 e 18. Em outros momentos, a moda parece

surgir espontaneamente. Um exemplo é a ideia de usar vestido combinado com calça jeans.
- **Programas de tevê**

  Muitos programas populares são misturas de ideias antigas. No papel, terror com vampiros misturado com comédia colegial pode ter parecido uma besteira, mas se transformou em *Buffy: a caça-vampiros* – um grande sucesso na tevê. No mundo dos programas de perguntas e respostas, "perguntas de múltipla escolha misturadas com grandes prêmios em dinheiro" se tornaram o fenômeno mundial *Jogo do milhão*.
- **Tecnologia**

  Muitas ideias tecnológicas de sucesso surgem da combinação de duas funções cotidianas. Os despertadores e os rádios de cabeceira existiam há anos até que alguém teve a ideia brilhante de criar o rádio-relógio. O carro à gasolina e o carro elétrico já existiam muito antes de alguém pensar em criar um carro híbrido.

> **É UM AVIÃO? É UM HELICÓPTERO?**
> Um exemplo chocante da combinação de duas tecnologias é o V22-Osprey, aeronave militar que tem tanto asas quanto hélices. O Osprey pode decolar e aterrissar verticalmente, como um helicóptero; e também pode girar suas hélices para a frente e voar como um avião.

Quais conceitos novos podem ser criados pela simples combinação de ideias antigas? Pense. "Recepção de casamento" misturada com "reforma do jardim". "Estofar o sofá" misturado com "site pessoal". "Ficar em forma" misturado com "férias na Austrália".

ARMAZENE IDEIAS

Muitas vezes não é suficiente ter uma boa ideia: o prazo também pode ser essencial. Muitas ideias boas são perdidas porque aparecem na hora errada e nem chegam a ser registradas. Mesmo assim, suas ideias antigas podem ser uma das melhores fontes de inspiração.

ANOTE-AS

As ideias podem surgir nos lugares menos apropriados: no banho, enquanto você dirige ou durante a insônia às quatro da manhã. Elas podem escapar e se perder, a menos que você as anote. Vale a pena andar com um caderno de notas e uma caneta, ou pelo menos manter cadernos em lugares práticos, como no carro ou perto da cama.

Crie um arquivo para as ideias que você nunca leva adiante. Assim, poderá revisitá-las para ter inspiração quando sua mente estiver em branco. Rascunhos, anotações no verso de envelopes, tudo pode ser guardado.

Se você é um arquivista meticuloso, mantenha grupos de ideias em pastas separadas. No entanto, se é do tipo bagunçado como eu, empilhe-as.

"O lento fuso do possível é alimentado pela imaginação."

Emily Dickinson (1830–1886)

ACASO

Às vezes definido como "uma feliz coincidência", o acaso é a descoberta de coisas valiosas de repente. Por definição, você não pode *fazer* o acaso acontecer, mas pode aumentar as possibilidades ao tentar coisas novas.

INVENÇÕES INESPERADAS
Muitas das maiores invenções do mundo foram resultado de acidentes ou erros. Um exemplo clássico é a invenção da malva, um pigmento roxo. Ele surgiu, muito por acaso, durante a busca pela cura da malária.

Durante séculos, sabia-se que o quinino era uma substância eficiente contra a malária. Infelizmente, as fontes naturais eram limitadas, e, no século 19, os cientistas procuravam uma maneira de fazer quinino artificialmente. Um desses químicos era William Perkin. Em uma das tentativas, ele criou uma substância escura que, dissolvida em álcool, se transformava em um líquido roxo, uma tintura eficiente para tecidos. Acidentalmente, Perkin havia inventado o primeiro corante sintético.

DÊ CHANCES PARA O ACASO ACONTECER
Uma maneira de encorajar o acaso é fazer uma tarefa fora da rotina. Por exemplo, o comediante britânico Dave Gorman fez uma aposta de que encontraria 54 pessoas ao redor do mundo com o mesmo nome que ele. A tarefa em si não levaria a nada, mas cativou a imaginação do público. Ele transformou a experiência em um programa de tevê, um show da Broadway e um livro.

ENCORAJE O ACASO

Qual desafio sem sentido você pode se propor para tornar o acaso possível? Experimente os exemplos a seguir:

* * * * *

Pegue um caminho diferente para o trabalho ou use outro meio de transporte.

Compre uma revista que você nunca viu antes e leia.

Escolha uma época do ano diferente para sair de férias.

Compre alguma coisa numa loja em que nunca entrou.

Descubra no jornal quais são os eventos públicos que estão acontecendo na sua cidade na semana que vem. Escolha o terceiro e vá.

Percorra uma seção da livraria que você normalmente não visita e escolha um título que lhe pareça interessante. Qualquer livro, desde um romance até um livro de "como fazer", pode levá-lo a uma viagem fascinante dentro da sua cabeça.

Da próxima vez que comer fora, escolha um restaurante aleatoriamente.

Torne-se famoso durante cinco minutos. Ligue para uma rádio local e fale de um assunto que lhe interessa – ou simplesmente participe de um de seus concursos.

Compre a música número dez nas paradas de sucesso. (Não escolha a número um, porque provavelmente você já a ouviu.) Estude a letra e descubra mais sobre o artista.

QUANDO AS PALAVRAS COLIDEM

Uma maneira de despertar a imaginação é acrescentar uma palavra completamente desconexa ao seu pensamento atual. A palavra aleatória gera algo novo para sua mente se concentrar. Além disso, permite que você pense em ideias "bobas" ou excêntricas e alivia um pouco o estresse, então você não se sente obrigado a pensar na resposta "correta".

ESCOLHA UMA PALAVRA, QUALQUER PALAVRA

Você pode encontrar uma palavra aleatória simplesmente abrindo o dicionário e escolhendo o primeiro substantivo que aparecer. Por exemplo, se você está tentando pensar em utilidades para uma caneta sem tinta (lembre-se do exemplo da p. 16), escolha a palavra "cabelo" aleatoriamente no dicionário. Como você pode relacionar "cabelo" com uma caneta seca? Experimente:

- Usar a caneta como bobe de cabelo.
- Cortar a caneta em pequenos círculos e usar como enfeites no cabelo.
- Usar como recipiente para guardar fios de cabelo (ou outras coisas longas).
- Usá-la como pente.

Essas ideias não estavam na lista original de usos possíveis, e você ainda pode pensar em outros. Na verdade, algumas pessoas encontram mais ideias quando trabalham com uma palavra aleatória! (Ver também "Escolha um tema" na p. 101.)

COMBINE PALAVRAS E IDEIAS

Com a prática, a técnica da palavra aleatória pode ser usada em qualquer situação. Na página a seguir, você vai encontrar uma pequena lista para começar. Siga esse passo a passo simples para combinar as palavras com os seus planos e veja os resultados:

1 **Seja claro sobre o que está procurando.**
  Por exemplo, você poderia definir seu desafio assim: "Ter ideias de onde comemorar uma festa de aniversário de 40 anos".

2 **Escolha um número aleatório entre 1 e 60.**
  Olhe no relógio e veja o ponteiro dos segundos. Se estiver marcando 16 segundos, use o número 16.

3 **Observe a lista na página a seguir.**
  Vá ao número que escolheu e veja a palavra correspondente. Por mais inapropriada que ela possa parecer, combine-a com sua ideia.

4 **Faça uma lista de associações com o item.**
  Por exemplo, se você escolheu 16, "guarda-chuva", pode pensar: tempo chuvoso, quadros nos quais aparecem guarda-chuvas, guarda-chuvas usados como bengalas, o ator Gene Kelly no filme *Cantando na chuva*.

5 **Incorpore a palavra ao seu problema.**
  Por exemplo, redefina o desafio como: "Ter ideias de onde comemorar o aniversário de 40 anos que tenha a ver com guarda-chuvas".

6 **Deixe as ideias fluírem.**
  Por exemplo, ir a um lugar que exija um guarda-chuva, como uma floresta tropical... ou um lugar semelhante perto de casa, como o jardim botânico.

LISTA DE PALAVRAS ALEATÓRIAS

1	Coelho	21	Concreto	41	Túmulo
2	Dente	22	Bola de neve	42	Sabiá
3	Ioga	23	Lareira	43	Fumaça
4	Mala	24	Esmalte	44	Trombone
5	Periquito	25	Calculadora	45	Ração para gatos
6	Cristais	26	Seringa	46	Escada
7	Cortador de unha	27	Brócolis	47	Ópera
8	Bola de basquete	28	Giro	48	Desejo
9	Penas	29	Cinto de segurança	49	Calha
10	Cabra	30	Cartola	50	Caverna
11	Freira	31	Dedos dos pés	51	Gaivota
12	Montanhas	32	Ouro	52	Oxigênio
13	Martelo	33	Cerejeira	53	Astronauta
14	Câmera	34	Chocolate	54	Viking
15	Salame	35	Show do Milhão	55	Rodeio
16	Guarda-chuva	36	Violino	56	Sussurro
17	Gravata-borboleta	37	Xampu	57	Raio X
18	Folha de árvore	38	Iceberg	58	Maçã
19	Arame farpado	39	Canil	59	Helicóptero
20	Táxi	40	Pijama	60	Bolsa

ESCOLHA UM TEMA

Como você deve ter percebido no exercício de "palavras aleatórias" da p. 98, quanto mais liberdade tiver para expressar suas ideias, mais difícil será encontrar inspiração. O pensamento fica mais produtivo se você tiver um tema para enquadrar seus pensamentos.

CONCENTRE-SE

Se um projeto é muito livre, você pode ficar confuso com as possibilidades ilimitadas e, se não tomar cuidado, pulará de uma ideia a outra sem um rumo. Longe de limitá-lo, um tema tem a finalidade de concentrar o seu pensamento. É por isso que uma festa à fantasia temática é mais criativas que as festas cujo convite simplesmente diz: "use uma fantasia".

Não há regras sobre como escolher um bom tema – você saberá encontrar um. Depois que o escolher, explore bem todas as possibilidades associadas a ele.

Alguns temas possíveis que você pode experimentar são: uma cor ou uma forma, um evento específico (como o primeiro dia na escola). Outra possibilidade seria procurar inspiração nos famosos (ver, por exemplo, a p. 84). Às vezes, um tema também pode ser sugerido por um aspecto de um projeto seu (como mostrado nos exemplos da página a seguir) – se for o caso, use-o.

TEMAS FAMOSOS PARA CRIAÇÃO

Os temas são uma maneira poderosa de mostrar "a grande ideia" por trás do projeto e podem inspirar todos os tipos de ideias derivadas da principal. Veja alguns exemplos de bons temas usados na música, na arquitetura e na literatura:

- **Criar trilhas sonoras para filmes**

  Os compositores de trilhas para filmes muitas vezes se inspiram no nome do filme. Ron Goodwin, que escreveu músicas para diversos filmes de guerra, gostava dessa técnica. No filme *Esquadrão 633*, por exemplo, o ritmo principal ficou com seis batidas rápidas seguidas por três batidas lentas (um-dois-três--quatro-cinco-seis-UM-DOIS-TRÊS).

- **Criar um edifício**

  O edifício da Capitol Records em Hollywood, construído em 1956, foi o primeiro prédio circular comercial do mundo. A empresa vendia discos, então a inspiração para o edifício era simples, apesar de radical: construir um prédio que parecesse uma pilha de discos. Hoje, prédios comerciais com formato circular se tornaram comuns.

- **Criar uma história**

  Há diversos livros nos quais a história é baseada em um tema simples. Pode ser um lugar, como a praia na Tailândia que inspirou o livro *A praia*, ou um objeto, como a pintura de Vermeer que inspirou *Moça com brinco de pérola*. Um exemplo extremo é *La disparition*, romance escrito pelo francês Georges Perec, no qual ele se impôs a limitação de nunca usar a letra "e". Isso deve tê-lo obrigado a explorar a linguagem ao máximo.

TENHA UM PLANO B

Quando você encontra uma ideia, talvez não pense em procurar outras. Ter uma ideia ótima é muito empolgante, mas gastar algumas horas ou minutos explorando um "plano B" pode ser um tempo bem empregado. O matemático James Yorke, especialista na teoria do caos, resumiu: "As pessoas mais bem-sucedidas são boas em criar planos B".

INSPIRAÇÃO ADICIONAL

Não é fácil pensar num plano B. Quando você fica preso a uma ideia e está sendo levado pelo momento, é realmente muito difícil se soltar. Isso não é problema quando a ideia principal funciona, mas, muitas vezes, quando você analisa um conceito, começa a ver as falhas, e a ideia passa a não parecer mais tão boa assim. Pensar num plano B não lhe dá apenas uma opção; muitas vezes, isso pode melhorar a qualidade de sua ideia principal.

> ### UM CATALISADOR ÚTIL
> Uma equipe foi solicitada a ter ideias para promover uma exposição científica em um museu. Eles pensaram em fantasiar os funcionários de átomos e fazê-los andar ligados, como uma "molécula", pelas ruas da cidade. Foi sugerido que pensassem também em um plano B. Houve alguma resistência, porque eles estavam se divertindo com a primeira ideia. No entanto, depois de 10 minutos, eles criaram anúncios para o metrô e passaram a gostar mais deles que da primeira ideia. No final, combinaram os dois planos: os vagões se tornaram os átomos ligados entre si para criar a molécula.

CAPÍTULO 5

COMO SER CRIATIVO EM EQUIPE

Promova discussões 106

Troque ideias 108

Trabalho em grupos grandes 112

Brainstorming 114

Quando a coisa se torna pessoal 116

Sugira, não imponha 119

Encontre três pontos positivos 121

Procure uma terceira via 124

Veja o lado engraçado 126

O pensamento criativo não precisa ser uma experiência solitária. Uma das maneiras mais eficientes para gerar ideias é compartilhar os pensamentos com outra pessoa. Duplas ou equipes podem interagir mais e as ideias surgem.

Mas ser criativo na companhia de outras pessoas é algo que pode gerar problemas. Passamos tanto tempo da nossa vida falando com outras pessoas que acreditamos saber lidar naturalmente com o trabalho em equipe. Infelizmente, isso não é verdade. Quando as opiniões divergem e as emoções ficam à flor da pele, é muito mais difícil pensar "fora da caixa" sem ofender ou causar uma reação hostil. Nessas circunstâncias, é preciso desenvolver uma abordagem diplomática para introduzir ideias novas. Este capítulo analisa alguns dos problemas mais comuns que surgem quando duplas ou grupos maiores tentam criar ideias novas e oferece algumas maneiras práticas de superá-los.

PROMOVA DISCUSSÕES

Trocar ideias com os outros pode ser divertido, se você fizer do jeito certo. É mais provável que funcione se todos se sentirem à vontade para apresentar as ideias. Isso não acontece como num passe de mágica – é preciso se esforçar para criar uma atmosfera na qual todos se sintam seguros e respeitados.

OBSTÁCULOS A OBSERVAR

Você pode pensar que uma discussão criativa é um processo simples: uma pessoa tem uma ideia, então outra contribui, e essa troca continua até que um conceito brilhante apareça e o debate acabe. No entanto, normalmente as coisas não acontecem assim na vida real.

A verdade é que todos os tipos de questões podem impedir uma troca livre de ideias. Veja a seguir os maiores obstáculos.

- **Ansiedade**

  Você nunca sabe muito bem como uma ideia será recebida até mostrá-la. Perguntas como: "Eles vão rir de mim?" ou "Isso vai deixá-los chateados?" podem ser suficientes para você não ir adiante, especialmente se não tiver confiança. O melhor é não dizer nada a abrir a boca e se passar por bobo.

- **Hierarquia**

  Em muitos casos, as pessoas envolvidas têm hierarquias diferentes: você e o seu chefe, ou você e o seu assistente, ou um especialista e um iniciante. As duas partes podem ficar reticentes em oferecer ideias. A pessoa com o status mais baixo pode achar

que tem ideias ingênuas, ou até mesmo desrespeitosas. Já a outra, de status mais alto, não vai querer dar uma ideia "boba" para não minar sua autoridade.

- **Opiniões opostas**

  Se a sua opinião não tem a ver com a das pessoas ao seu redor, talvez seja quase impossível que as ideias fluam. Toda vez que você ouvir uma ideia, terá a tendência de querer rejeitá-la. Da mesma maneira, suas ideias podem ser destruídas. Você já viu um político de direita contente em trocar ideias com um político de esquerda ou um criacionista sorrir ao dialogar com um evolucionista? Não dá certo!

- **Velocidade de pensamento**

  As pessoas pensam em velocidades diferentes. Uma pode achar que, na hora em que sua ideia se formou, a conversa já seguiu adiante – então acaba ficando quieta. Você tem ideias rapidamente ou precisa de tempo para pensar?

COMO MELHORAR A INTERAÇÃO

Se você quer colaborar de maneira criativa, melhore sua capacidade de interagir.

SIM Determine um período de pensamento livre de críticas (ver p. 114) para que todos saibam que estarão seguros para trocar ideias sem ser ridicularizados.

SIM Escolha bons ouvintes, cujas opiniões você respeite.

SIM Permita-se alguns momentos de pensamento solitário, assim cada um pode acompanhar o ritmo do fluxo de ideias.

NÃO Não espere que pessoas cujas opiniões são opostas às suas sejam receptivas às suas ideias.

TROQUE IDEIAS

Quando você está em uma discussão criativa com outras pessoas, é comum dividir o tempo entre dois papéis: dar ideias para os outros e receber as ideias deles. Você precisa ser capaz de trabalhar em cada papel de maneira eficiente para ter a melhor oportunidade de criar ideias.

DAR IDEIAS E VENDER IDEIAS

Por que você daria uma ideia para outras pessoas? Você poderia sondá-las para ver o que acham da sua ideia. Ou vocês poderiam trabalhar em conjunto para criar novas ideias, essa seria a sua contribuição. Ou talvez você queira que elas aceitem a sua ideia, mas acha que precisam ser convencidas. Em cada uma dessas situações, você "dá ideias", mas precisa de táticas diferentes para garantir um resultado criativo.

Se você está testando uma ideia...

Deixe seus colegas saberem que tipo de resposta está procurando. Às vezes, você precisa fazer suas ideias circularem porque quer apoio. Se já decidiu pedir demissão e dar a volta ao mundo, a última coisa que quer ouvir é: "O quê? Ficou maluco? Isso vai ser um desastre para a sua carreira!". Então, antes de passar uma ideia adiante, defina do que você precisa, dizendo algo como: "Eu preciso de um pouco de apoio – me diga por que estou fazendo a coisa certa!".

Por outro lado, você pode estar testando uma ideia e precisa de críticas construtivas. Se você sabe que a sua ideia ainda não está redonda, avise os seus ouvintes de que ela precisa ser aperfeiçoada e peça sugestões de como poderia fazer isso.

Se vocês estão gerando ideias em conjunto...

Determine algumas regras básicas no começo, para ter certeza de que as ideias vão fluir livremente, e as pessoas vão se ater ao assunto em questão. A regra mais simples é aquela na qual se estabeleceu um período inicial para que todos possam apresentar suas ideias sem nenhuma avaliação. Se essa regra não for determinada no começo, corre-se o risco de as pessoas criticarem logo e acabarem com as ideias umas das outras.

Naturalmente, cada pessoa estará mais interessada nas próprias ideias do que nas dos outros, mas não parta do princípio de que todas as suas ideias serão ouvidas ou anotadas. Se algumas delas passarem despercebidas, anote-as – talvez você possa usá-las sozinho.

Se você está "vendendo" ideias aos outros...

Você pode estar convencido dos méritos da sua ideia, mas por que outra pessoa a "compraria"? Imagine que precisa vender algo a um comprador cético. Primeiro, você precisa chamar a atenção dele para o problema que a sua ideia está ajudando a resolver. Então, explique-lhe os benefícios, incluindo as oportunidades que a ideia pode criar. Finalmente, em vez de apresentá-la como um produto finalizado, deixe a outra pessoa adaptá-la e desenvolvê-la. Em geral, as pessoas são mais receptivas a ideias das quais se sentem um pouco donas, portanto você deve deixá-las participar do processo criativo.

RECEBER IDEIAS

Normalmente todos preferem pensar em si mesmos como pessoas que dão ideias – afinal, isso parece ser a parte criativa. Apesar de discutível, o papel mais importante é o de quem as recebe.

Se você quer que alguém ajude a criar ideias, então sua reação aos pensamentos alheios terá um peso importante, pois lhe dará muito material para trabalhar. Veja algumas dicas para receber ideias de maneira criativa:

Diga do que precisa

Explique o problema de forma clara – senão como esperar que as pessoas tenham ideias adequadas? A questão pode soar óbvia, mas mesmo assim é comum ouvir alguém pedindo ideias e recebendo o silêncio como resposta porque a outra pessoa não sabe como responder. Informar o seu ouvinte de maneira clara ajudará a tirar o melhor proveito da situação.

Receba todas as sugestões

Não faça muitas exigências para as ideias. Se o fizer, talvez não receba nenhuma sugestão, porque a autocensura vai bloquear a iniciativa de quem gostaria de dar uma ideia. Você pode ajudar criando algumas regras, como: "Por favor, me dê qualquer ideia, não importa quão boba pareça". Para deixar a pessoa à vontade, você pode sugerir como exemplo uma ideia fraca ou boba de propósito. Seu ouvinte vai se sentir mais confiante de que pode fazer uma boa sugestão.

Responda sempre

Dê um retorno construtivo. Caso contrário, quem deu a ideia vai achar que você não está interessado nela.

Eu vi um exemplo de esquema de sugestões bem-sucedido nos estúdios de gravação da BBC, antes do surgimento dos e-mails. Em cada estúdio havia um livro em que os usuários podiam fazer comentários sobre os equipamentos e sugerir melhorias. O livro estava repleto de sugestões, pois cada ideia tinha de receber uma resposta por escrito em 24 horas, por mais simples que fosse. "Obrigado, essa é uma questão complicada. Estamos analisando." As pessoas sentiam que seus comentários importavam, então continuavam a dar sugestões.

Se você não consegue dar uma resposta para cada ideia, pelo menos deixe as pessoas saberem que você se importa com a opinião delas. Em uma empresa onde trabalhei, havia uma "Caixa de ideias" para os funcionários usarem no anonimato, e as ideias eram lidas. Ela veio com a promessa de que cada ideia ali colocada seria analisada pela gerência. Para aqueles que quisessem retorno, havia um esquema mais formal de sugestões. Funcionou.

"Tirar proveito de um bom conselho exige mais conhecimento do que aconselhar."

Wilson Mizner, dramaturgo (1876–1933)

TRABALHO EM GRUPOS GRANDES

Se você já saiu com os amigos e tentou decidir onde jantar, sabe que discussões envolvendo muitas pessoas podem ser um pesadelo. Em situações como essa, você precisa dividir as pessoas em grupos menores e garantir que todos tenham chance de falar, se quiserem.

OS PERIGOS DO PENSAMENTO COLETIVO

Os mesmos problemas tendem a aparecer em qualquer situação que envolva grupos, seja em uma reunião formal, seja em uma discussão familiar. Todo mundo tem uma opinião, duas ou três pessoas podem falar ao mesmo tempo, algumas podem não estar prestando atenção e a maioria está esperando que alguém tome uma decisão. Normalmente, o resultado é algo seguro, mas constrangedor, e as pessoas aceitam, mesmo que relutantes, porque não querem criar confusão.

Em grupos grandes, duas ou três pessoas tendem a dominar a conversa. Os outros permanecem quietos porque ficam nervosos em público ou não têm a chance de interferir por serem sempre interrompidos.

CRIE UM AMBIENTE SEGURO PARA DAR IDEIAS

Divida o grupo em outros menores, ou mesmo em pares. Assim, cada um vai achar mais fácil sugerir ideias, e o fato de haver outros grupos pensando sobre as mesmas questões pode trazer um pouco de competitividade, o que animará a todos.

ADMINISTRAR GRUPOS

Se você é a pessoa encarregada de um grupo de discussões, experimente essas dicas para permitir que todos participem. Você vai perceber logo que a sala ficará cheia de energia conforme as ideias fluem.

* * * * *

Abra a discussão quebrando o gelo, para fazer as pessoas relaxarem. Por exemplo, você pode fazer uma pergunta fácil para cada um, como "Qual foi a coisa mais divertida que você fez na semana passada?". Ou pode encorajá-los a se envolver com o assunto em questão, perguntando "Qual resultado você gostaria que essa discussão tivesse?".

* * *

Para deixar a bola rolando, comece sugerindo uma ideia muito ruim e admita para o grupo que ela é péssima! Ao fazer isso, você os incentiva a oferecer qualquer ideia, por mais estúpida que pareça. Como resultado, todos se sentirão mais confiantes em apresentar suas sugestões.

* * *

Permita o anonimato. Nem todos querem ser percebidos ou desejam ter o nome ligado a uma ideia, especialmente se ela for polêmica. Em vez de fazer as pessoas dizerem suas ideias em voz alta, você pode pedir-lhes para escrevê-las em pedaços de papel e recolhê-las num envelope, ou mesmo dar bloquinhos de Post-It® para colarem suas ideias em uma parede.

* * *

Se pedir que as pessoas apresentem suas ideias ao grupo, não deixe todos falarem ao mesmo tempo. Nunca parta do princípio de que, se a pessoa não falou, é porque ela não tem nada a dizer. Mas, se alguém achar que não tem nada a dizer, tudo bem.

BRAINSTORMING

Linus Pauling, ganhador do Prêmio Nobel, disse que "a melhor maneira de ter uma boa ideia é ter muitas ideias". Uma das ferramentas mais poderosas para gerar ideias é o brainstorming (tempestade cerebral) – uma técnica criada para potencializar o pensamento criativo.

AS REGRAS ORIGINAIS

As pessoas usam o termo brainstorming para qualquer reunião em que as pessoas expressam suas ideias. No entanto, o verdadeiro brainstorming segue quatro regras principais criadas na década de 1930 pelo publicitário Alex Osborn:

- **Sem críticas**
  Durante o período de criação, todas as ideias precisam ser registradas. Comentários negativos não são permitidos, e nenhuma ideia deve ser rejeitada.
- **Quantidade, não qualidade**
  Você deve ter como objetivo cem ideias malucas em vez de dez ideias boas. O raciocínio por trás disso, como Osborn dizia, é que: "É mais fácil domar uma ideia maluca que pensar numa ideia nova".
- **Liberdade**
  Assim que o processo começar, você deve permitir que a discussão siga qualquer direção.
- **Desenvolva**
  Um brainstorming de sucesso apropria-se das ideias de todos

para criar novas. Se você ouvir uma ideia e continuá-la, estará no processo de desenvolvimento de uma nova.

COMO ORGANIZAR UMA SESSÃO

Você pode organizar um brainstorming com quantas pessoas quiser – ou mesmo sozinho. No entanto, precisa organizar a sessão, caso contrário as pessoas não saberão o que devem fazer. Um problema comum é uma pessoa dar uma ideia, outra a desmerecer, e então ocorrer um debate acalorado quando finalmente alguém diz: "O que estamos tentando resolver aqui mesmo?".

Uma organização simples pode se basear no princípio P I A, como demonstrado no quadro abaixo. Essa estrutura tem três estágios: ao mantê-los separados, você faz as pessoas se concentrarem em determinadas tarefas. Desse jeito, você garante que a energia do grupo esteja voltada para ter ideias, e não ao papel que as pessoas desempenham.

P de problema	Comece definindo o objetivo das ideias e determine regras para a reunião. Caso contrário, você vai perceber que cada um poderá se perder nas próprias ideias.
I de ideia	Quando todos concordarem com o porquê das ideias, inicie a fase de brainstorming, em que todas as ideias são bem-vindas e não são permitidas críticas.
A de avaliação	Esta é a etapa na qual é permitido criticar as ideias (de maneira construtiva) e escolher as que possuem maior potencial.

QUANDO A COISA SE TORNA PESSOAL

Muitas conversas que têm a intenção de ser criativas acabam virando uma troca de palavras duras – em vez de serem um terreno fértil para a inovação, se tornam uma gritaria, e as ideias se perdem em meio ao barulho. No entanto, você pode conter a situação antes que ela saia do controle.

A GUERRA DAS PALAVRAS
Como surgem as brigas? Muitas vezes, as disputas se acirram porque os participantes estão tão determinados a impor suas ideias que não deixam que nada se desenvolva. Eles não apenas expressam suas opiniões de maneira impositiva, mas com frequência são sarcásticos ou ignoram as ideias dos demais. O que deveria ser uma conversa produtiva se torna uma briga que mata os argumentos. Mais que a autocrítica e as reações hostis ou frias dos outros, uma briga pode fazer as pessoas hesitarem em dar ideias, apagando a chama criativa.

COMO SE "MATA" UMA IDEIA
O gráfico na página ao lado indica como o círculo vicioso começa – e isso pode acontecer na maior rapidez. (Essa imagem me faz lembrar do círculo vicioso da ansiedade, na página 31.)

Bete dá uma ideia a André, que vê apenas os aspectos negativos, então a rejeita. Bete se sente desrespeitada pela resposta do colega. Para retomar seu status, Bete procura os defeitos na próxima ideia de André. Ele, por sua vez, também se vinga, e a discussão cresce e se torna uma briga.

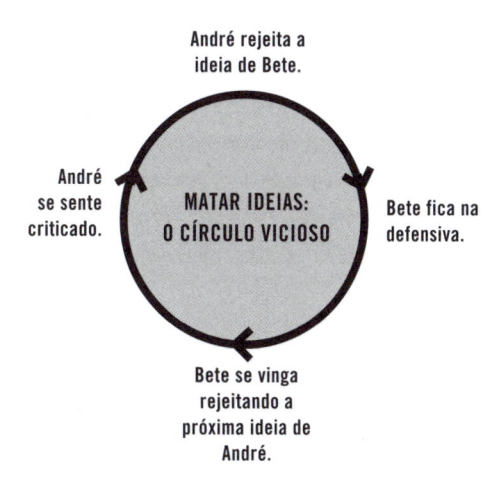

Diagrama (círculo vicioso):
- André rejeita a ideia de Bete.
- Bete fica na defensiva.
- Bete se vinga rejeitando a próxima ideia de André.
- André se sente criticado.
- MATAR IDEIAS: O CÍRCULO VICIOSO

Esse círculo vicioso muitas vezes surge em casa ou no trabalho, em discussões nas quais não é difícil perceber o que vai acontecer. É assim que muitas brigas de família começam.

COMO COLOCAR AS COISAS NOS TRILHOS

Da próxima vez em que se vir envolvido em uma conversa que "mata ideias", tente interromper o círculo vicioso. Lembre-se de uma das regras básicas das discussões criativas: criar uma atmosfera na qual as pessoas se sintam confiantes e apoiadas, e não perseguidas e na defensiva.

A maneira mais fácil de fazer isso é acentuar os pontos positivos. Assim que alguém começar a dar uma ideia, escolha os pontos positivos e desenvolva-os, usando frases como "Essa é uma boa ideia, e o que você poderia fazer é..." ou "Sim, e isso poderia ajudar porque...". (As palavras "Sim, e..." no começo da frase são poderosas como forma de encorajar o pensamento criativo.)

Você pode, com a prática, desenvolver o jeito de transformar um círculo vicioso em um virtuoso, de criação de ideias. O segredo é reagir de modo positivo às ideias alheias. Em troca, os demais estarão inclinados a ser positivos em relação a suas ideias.

COMO DESENVOLVER IDEIAS

O gráfico abaixo mostra como criar um círculo virtuoso no qual as ideias fluem livremente. Note que as respostas são positivas desde o início. Bete dá uma ideia a André, que pode não gostar muito, mas procura o lado positivo: "Sim, e...". Bete sente-se encorajada pela reação do colega e reage de maneira positiva à próxima ideia de André.

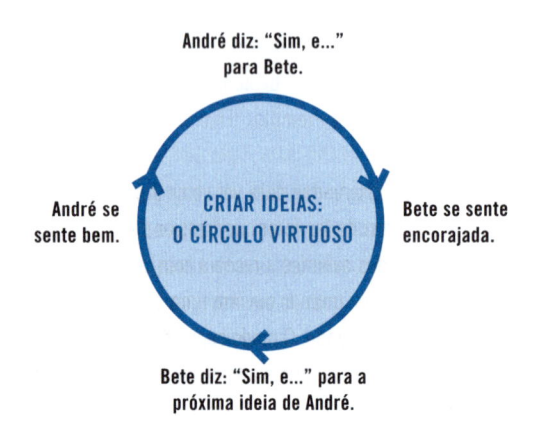

André diz: "Sim, e..." para Bete.

André se sente bem.

CRIAR IDEIAS: O CÍRCULO VIRTUOSO

Bete se sente encorajada.

Bete diz: "Sim, e..." para a próxima ideia de André.

SUGIRA, NÃO IMPONHA

Se houver qualquer tensão em uma discussão, a maneira como você apresenta suas ideias pode fazer toda a diferença. Se você diz às pessoas o que fazer, arrisca-se a deixá-las na defensiva. No entanto, se oferece sugestões, deixa espaço para elas acrescentarem seus pontos de vista.

ESTIMULE O ACORDO MÚTUO

Os psicólogos descobriram que, em geral, quanto mais assertiva é a maneira como você expressa uma ideia, mais provável é que o ouvinte oponha-se a ela. Em seu livro *Improve Your People Skills* (Melhore suas habilidades com as pessoas), Peter Honey descreveu uma experiência na qual as pessoas davam ideias cada vez de um jeito:

- **Impondo** (quando a ideia é dada como uma afirmação, como, por exemplo, "O que você deve fazer é...")
- **Sugerindo** (quando a ideia é expressa como uma pergunta ou uma reflexão como, por exemplo, "Fico pensando se...?")

As discussões foram observadas para ver como a pessoa que recebia as ideias reagia. Os resultados foram impressionantes. Quando a ideia era imposta, metade dos ouvintes a recebia com ceticismo e tinha dificuldade com ela, mas, quando ouviam uma sugestão, só um a cada cinco declarava ter dificuldade. O modo suave de apresentar uma ideia quase dobrou a chance de o ouvinte apoiá-la e diminuiu as respostas negativas pela metade.

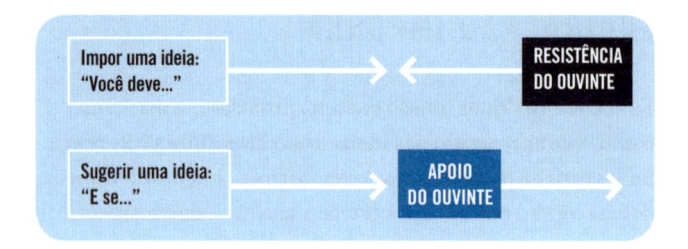

| Impor uma ideia: "Você deve..." | → ← | **RESISTÊNCIA DO OUVINTE** |
| Sugerir uma ideia: "E se..." | → | **APOIO DO OUVINTE** → |

ESCOLHA AS PALAVRAS CERTAS

O gráfico acima mostra que, se você sugerir algo, é mais provável que sua ideia seja aceita e se desenvolva. Ouça a si mesmo e aos outros discutindo sugestões e observe como as pessoas reagem dependendo da maneira como as ideias são apresentadas.

Se você está lidando com alguém que provavelmente vai ser defensivo às suas ideias, pense duas vezes antes de começar com:
- "O que você deve fazer é..."
- "Eu acho que você tem de..."
- "O melhor seria..."
- "Se eu fosse você..."

Em vez disso, apresente sua ideia como uma sugestão. Se possível, tire as referências pessoais e torne a sugestão impessoal, como nos exemplos a seguir:
- "Fico pensando se seria possível..."
- "Alguém já pensou em..."
- "A não ser que a gente consiga..."
- "E se nós..."

ENCONTRE TRÊS PONTOS POSITIVOS

Eu mencionei na página 35 que a maioria das pessoas tende a ver o que está errado nas ideias dos outros antes de ver os pontos positivos. Se já houver tensão no ar, essa atitude crítica só vai piorar as coisas. Para esfriar o diálogo, simplesmente procure três coisas positivas nas ideias alheias.

PRIMEIRO O LADO POSITIVO

Rejeitar uma ideia nova é uma reação normal – ainda mais quando se trata de uma questão muito importante para você. Infelizmente, ao fazer isso, você dá sinais de que não está receptivo à mudança. Você não só bloqueia essa via de exploração, mas também ameaça o ego do outro.

Ninguém gosta de ter as ideias destruídas, então é provável que essa pessoa reaja de maneira defensiva, especialmente se ela tem sentimentos fortes em relação ao tema. Assim, você se arrisca a entrar em uma briga que "mata ideias", descrita na página 116. Para evitar que isso aconteça, respire fundo e olhe o lado positivo.

Se alguém oferece uma ideia à qual você se sente hostil, desenvolva-a procurando de maneira deliberada três coisas boas para dizer a respeito, antes de se permitir comentar qualquer coisa negativa. Se os pontos positivos equilibrarem os negativos, a outra pessoa se sentirá segura de que você está analisando a ideia de maneira justa e provavelmente se tornará mais receptiva ao que você disser.

COLOQUE EM PRÁTICA

Provavelmente você vai achar fácil pensar em uma coisa positiva, mas muitas vezes será mais difícil pensar em duas ou três. Uma conversa na qual três pontos positivos são mostrados pode funcionar assim:

Pessoa A
"O que você deve fazer é..."

Pessoa B:
"O que eu gosto nessa sugestão é que:
   ela seria...
   e iria...
   e outra vantagem seria...
No entanto, como a colocaríamos em prática sem..."

Isso coloca toda a pressão na pessoa B. É preciso ser forte para ser construtivo a respeito de uma ideia posta dessa maneira, especialmente se for uma crítica implícita ao que você já fez. Mas ao mostrar três pontos positivos primeiro, a pessoa B pode então fazer críticas construtivas sem ofender a pessoa A. Essa abordagem também pode gerar uma ideia alternativa que agrade a ambos.

Planos de casamento

Este é um exemplo de como uma troca pode ocorrer. Dar ideias para um casamento pode ser bem complicado.

Filha:
"Começamos a ter algumas ideias para o casamento."

Mãe:
"Eu acho que deveria ser na igreja que frequentamos – seria o lugar perfeito para reunir todos os parentes."

Filha:
(que pretende fazer uma cerimônia civil em algum lugar fora da cidade)
*"Bom, o que eu acho dessa ideia é que:
Igrejas são um bom lugar para fazer uma cerimônia religiosa.
Eu quero a presença dos parentes mais próximos.
É importante que o lugar tenha um significado especial."*

Só então ela expressa suas preocupações:
"No entanto, Pedro e eu não queremos uma cerimônia religiosa tradicional, e preferimos fazer o casamento em um lugar que tenha um significado espiritual para nós dois."

A essa altura, a ideia da igreja pode ser rejeitada, mas pelo menos a filha ajudou a esclarecer o que desejava para seu casamento. Ao analisar alguns pontos positivos da ideia da mãe, ela pode achar coisas úteis. Além disso, o diálogo fez a mãe se sentir mais positiva a respeito do resultado final, porque seus sentimentos foram levados em consideração.

PROCURE UMA TERCEIRA VIA

A base da negociação bem-sucedida é encontrar uma solução que todos possam aceitar. Se você conseguir fazer isso entrando em acordo, ótimo. No entanto, às vezes o meio-termo não deixa ninguém entusiasmado. Nesse caso, você precisa de uma ideia nova e atraente para todos.

ENTRAR EM ACORDO
Quando líderes estrangeiros se encontram para trocar ideias sobre como salvar o planeta ou evitar a guerra, a diplomacia é essencial às suas discussões. Se você ouvir uma coletiva de imprensa entre países com grandes desavenças políticas, vai notar o esforço que os dois líderes ou porta-vozes fazem para enfatizar as áreas nas quais ambos concordam.

Encontrar o meio-termo entre as pessoas é tão importante na vida particular como na política internacional. É um objetivo necessário esteja você discutindo com a ex-mulher sobre onde seus filhos vão passar as férias ou decidindo sobre um casamento entre um muçulmano e um cristão.

Uma maneira de gerar novas ideias nessas circunstâncias é começar definindo ou combinando os objetivos. O que ambos estão tentando alcançar? Quais questões são mais importantes para cada um? Uma vez que vocês tenham esses parâmetros de discussão, é possível pensar em ideias que atendam aos objetivos.

NEM PRETO, NEM BRANCO: AMARELO

Existe, é claro, o risco de você pensar em um meio-termo brando, que não satisfaça ninguém de verdade. (Uma definição cínica de "meio-termo" diz que é "uma perda de tempo entre dois bobos".) Se você pensar na ideia de alguém como sendo a cor "preta" e na outra como a "branca", o meio-termo seria o "cinza". No entanto, talvez seja possível encontrar uma solução criativa animadora para as duas partes — você pode dizer que a nova ideia é o "amarelo".

O pensamento preto e branco é um risco, em especial quando as emoções estão envolvidas. Então, por exemplo, um casal divorciado pode se ver em um tipo de disputa como a mostrada no quadro abaixo. Você pode chegar ao "amarelo" usando algumas técnicas de pensamento lateral descritas no capítulo 3 para ajudar a definir qual é o verdadeiro problema e então ultrapassar áreas pelas quais o pensamento não anda.

A VISÃO DO PAI (PRETO)	"As crianças deveriam passar todos os fins de semana comigo!"
A VISÃO DA MÃE (BRANCO)	"As crianças deveriam passar todos os fins de semana comigo!"
O MEIO-TERMO (CINZA)	"Vamos receber as crianças em fins de semana alternados."
A QUESTÃO REAL	Os pais querem participar da vida dos filhos (futebol, balé, cinema).
A SOLUÇÃO CRIATIVA (AMARELO)	Ouça a vontade das crianças! Organize uma agenda antes do ano escolar, de acordo com os eventos de que elas vão querer participar.

VEJA O LADO ENGRAÇADO

O humor é uma das maneiras mais eficientes de comunicar uma ideia difícil. Ele deixa os ânimos mais leves e as pessoas mais relaxadas para defender suas opiniões ou proteger seus sentimentos. E, como foi explicado na página 19, a resposta "HAHA!" é uma das principais detonadoras de ideias criativas.

MUITAS BRINCADEIRAS TÊM UM FUNDO DE VERDADE

Algumas das opiniões mais sinceras só podem ser expressas com bom humor. Esse era um dos papéis do bobo da corte na Idade Média: o bobo, sem status, era capaz de dizer verdades que nunca seriam toleradas entre os integrantes da alta hierarquia. O autor George Bernard Shaw também reconheceu essa questão. Segundo ele, "Se você quer que as pessoas digam a verdade, é melhor fazê-las rir, senão elas o matam".

As pessoas que têm vergonha de formalizar suas ideias muitas vezes acham mais fácil se manifestar em situações informais. Você deve garantir, no entanto, que todos riam juntos, e não uns dos outros. Se uma pessoa sentir que estão rindo dela, pode desistir de falar algo.

Há várias maneiras de passar uma mensagem com humor. Veja alguns métodos:

Vire tudo de pernas pro ar

A técnica de inverter os problemas (ver p. 65) pode dar origem a novas inspirações. Também cria uma discussão mais descontraída (porém às vezes muito direta) sobre um assunto delicado.

Use ideias bobas

Como vimos na página 110, se você quer dar confiança às pessoas, expressar primeiro uma ideia muito boba ou fraca pode incentivá-las a opinar. Talvez você possa pedir a seus ouvintes que deem uma ideia ainda mais maluca ou engraçada – enquanto todos riem juntos, podem pensar em algo incrível.

> **O JOGO DOS OPOSTOS**
>
> O "jogo dos opostos" funciona especialmente bem no ambiente de trabalho. Por exemplo, é comum que um funcionário iniciante reclame da necessidade de uma "comunicação melhor". Em vez de perguntar "Como podemos melhorar a comunicação?", ao que receberá olhares tortos e silêncio, é possível criar um jogo a partir disso: "Como podemos piorar a comunicação?". A pergunta inevitavelmente gera risadas, especialmente entre equipes cuja comunicação é realmente ruim, mas ainda assim permite que as pessoas expressem suas preocupações reais de maneira segura.

Trocar de papel

A troca de papéis é outra técnica útil. Pode ser mais fácil expressar uma ideia desconfortável se não é "você" quem está dizendo. Às vezes sugiro uma ideia à minha filha de três anos como se ela partisse de um fantoche que ela adora, não de mim. Se eu digo que ela deve comer repolho, ela vai resistir. Mas, se é o fantoche quem sugere, normalmente ela concorda, ou, pelo menos, dá um argumento razoável para não fazer isso. É claro que o fantoche não funcionaria da mesma forma com um adulto, mas qualquer elemento que traga um sorriso para a conversa pode facilitar a troca de ideias.

CAPÍTULO 6

FAÇA ACONTECER

Estabeleça um prazo 130
Combata o desânimo do meio do projeto 132
Planeje-se para o pior 134
Algumas questões para a criatividade 135

Uma coisa é ter ideias, mas, a menos que algo aconteça, o pensamento criativo não passa disso – é estimulante, mas não concretiza nada. Depois de criar suas ideias e analisá-las bem, você precisa agir.

Começar um projeto novo pode ser desanimador. Você pode ter medo da pressão de fazê-lo no prazo ou começar a sucumbir ao "desânimo do meio do projeto", hora em que você perde o ímpeto. E se tudo der errado? Este capítulo mostra como lidar com esses medos e superá-los. Ao final, há palavras que vão torná-lo mais criativo. Ao usá-las, você pode começar sua nova rotina criativa imediatamente.

ESTABELEÇA UM PRAZO

Pode haver tantas pressões que, sem disciplina para administrar o tempo, seu projeto criativo vai afundar, e semanas se tornarão meses e depois anos. Nada faz a mente se concentrar melhor do que estabelecer prazos. Se você vir o prazo como um desafio em vez de um problema, poderá atingir o seu objetivo.

ENFRENTE O DESAFIO
Talvez você sinta que a pressão acaba com seu pensamento criativo, e às vezes isso é verdade – sob muito estresse, você pode entrar em pânico e ter um branco. Mas, com frequência, um prazo ajuda a criatividade a fluir – se você sabe que precisa entregar algo, não tem escolha a não ser colocar em prática alguma das suas ideias ainda cruas. Sem prazo, você tem tempo para pensar em centenas de razões por que a ideia não daria certo. Experimente os passos a seguir para ajudá-lo a fixar um objetivo e se ater a ele:

Determine o seu próprio prazo
Se o seu projeto ainda não tem um prazo, determine um. Se é um projeto grande, divida-o em uma série de etapas. Ao atingir cada uma, pode fazer uma pausa e refletir sobre como está indo e como lidará com os próximos passos.

Prometa aos outros que irá fazer

Se você quer ter certeza de que irá completar a tarefa, nada melhor que o compromisso com os outros para motivá-lo. Se você vai criar o cenário da próxima peça de teatro do bairro, não tem escolha senão entregar suas ideias numa data determinada. Além disso, você verá pôsteres por todos os lados, lembrando-lhe do seu prazo. Mas, quando se trata dos seus próprios objetivos, não é preciso colocar anúncios em lugares públicos, mas você deve se comprometer consigo mesmo.

> **COLOQUE-SE NA LINHA DE FRENTE**
>
> Certa vez, ao me preparar para dar uma palestra, decidi fazer uma abertura dramática. Pedi a um amigo para fingir que era eu no palco enquanto eu fingia ser uma pessoa da plateia que, de repente, o interrompia. No entanto, conforme o dia se aproximava, comecei a ficar com medo. Comecei a pensar que uma palestra normal seria melhor e muito menos arriscada. No entanto, eu já havia avisado vários colegas respeitáveis de que faria a pegadinha. O risco de me sentir envergonhado com eles foi o único estímulo que me fez ir adiante. Depois do evento (muito aplaudido), fiquei feliz pelo resultado.

Lembre-se constantemente

Outra maneira de se obrigar a ser criativo é colocar um aviso em um lugar que você olhe todos os dias. Escreva em letras grandes:

O QUE VOCÊ QUER E POR QUÊ

Sempre que você se sentir sem saída ou desanimado, o aviso irá lembrá-lo por que seu objetivo é tão importante.

COMBATA O DESÂNIMO DO MEIO DO PROJETO

Certa vez conheci um arquiteto que desenhou alguns dos estádios mais famosos do mundo. Ele disse achar o começo e o fim as melhores partes de um projeto. No meio, ele caía no desânimo. Esse é um problema comum em tarefas criativas. Como você pode superá-lo?

O QUE CAUSA TAL DESÂNIMO?

No começo de um projeto, sentimos que tudo é possível. Há a euforia de fazer algo novo e o estímulo de gerar novas ideias, sem limitações. E, no final, há a satisfação da conquista. Para o meu amigo arquiteto, o prazer vem na hora de revelar o prédio finalizado, a glória das reportagens de capa e o orgulho de ter superado tantos desafios. No entanto, como o gráfico ilustra, pode ser difícil aguentar o tédio do dia a dia:

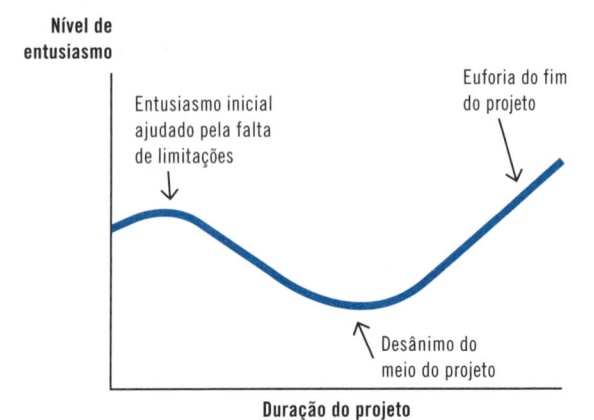

A euforia do começo e do fim podem parecer muito distantes quando você está a meio caminho e enfrenta uma montanha de problemas. Nesses momentos, é comum se pegar pensando:
- "Por que estou fazendo isso?"
- "Estamos num beco sem saída?"
- "Minhas ideias são realmente boas?"
- "Não estou fazendo nenhum progresso."

SUPERE OS MOMENTOS DIFÍCEIS
Se sua carreira depende do sucesso do projeto, essa pressão normalmente é suficiente para fazê-lo superar os momentos difíceis. No entanto, se não tem nada a perder além do orgulho, os períodos de dúvida podem parecer ameaçadores.

Se você desanimar, veja as dicas a seguir:
- Lembre-se de que todo mundo se sente assim em algum momento.
- Faça uma pausa para ter oportunidade de refrescar as ideias.
- Lembre-se do motivo por que começou o desafio – o que era importante, quais dificuldades achou que encontraria e por que o desafio era tão importante.
- Recupere a energia com mais ideias. Outra sessão de brainstorming (ver p. 114) pode ajudar muito, mesmo se for sobre um assunto que não tem nada a ver com o projeto, apenas para lhe motivar.

PLANEJE-SE PARA O PIOR

E se tudo der errado? A perspectiva de uma falha é o suficiente para impedir que você leve a ideia adiante. E todo mundo tem momentos ruins quando os pontos fracos de uma ideia se sobressaem e seu mérito desaparece. Planeje-se agora para ser capaz de enfrentar a situação caso o indesejável aconteça.

PROCURE OS POSSÍVEIS PROBLEMAS

Qual a pior coisa que poderia acontecer? Rirem de você? Perder dinheiro? Se você listar todas as coisas que podem dar errado, pode começar a se planejar e pensar em como minimizar o impacto caso a situação ocorra. Se não consegue encarar a possibilidade de sair do seu emprego para começar uma empreitada nova e arriscada, seria possível começar um projeto novo nas horas vagas ou quando estiver de férias? Quem sabe você poderia negociar um "tempo livre". Ter um plano B também ajuda, veja na p. 103.

PENSE NOS BENEFÍCIOS

Pense nos riscos que você já assumiu na vida (aprender *windsurf* ou adotar uma criança). Olhando para trás, você fica feliz de ter se arriscado ou se arrependeu? Há riscos que você não assumiu, mas gostaria de ter assumido?

Eu tinha um amigo cujo lema era: "Nunca corri um risco do qual me arrependi". Talvez o mesmo seja verdade para você. Use suas boas experiências para fortalecer uma resolução futura.

ALGUMAS QUESTÕES PARA A CRIATIVIDADE

Existem cinco tipos de pensadores criativos: os que pensam como uma criança, os solucionadores de problemas, os sonhadores, os construtores e os "inventores". Você pode usar cada tipo de atitude para acender a chama da sua própria criatividade.

ATITUDES DIFERENTES

Para cada tipo de pensador criativo, há questões que resumem sua atitude em relação à vida. Veja-as no quadro abaixo.

TIPO	CARACTERÍSTICAS	QUESTÕES
Criança	Tem curiosidade e confiança para explorar as ideias.	"Por que não?"
Solucionador de problemas	Encara cada obstáculo ou bloqueio como um problema a ser resolvido.	"Como… "
Sonhador	Sonha com o que poderia ser, em vez do que realmente é.	"Eu queria… "
Construtor	Apoia a ideia dos outros e sabe como as desenvolver.	"Sim, e… "
Inventor	Está pronto para pensar o impensável e explorar o desconhecido.	"E se…"

Tire proveito de todas essas atitudes. Use cada grupo de palavras na sua vida diária, começando agora. Quase sem perceber, você começará a adotar o comportamento de um pensador criativo. Fácil assim.

RESPOSTAS

PÁGINA 8: LIGANDO OS PONTOS
Esta é a resposta clássica para o quebra-cabeça de nove pontos.

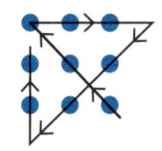

PÁGINA 14: O QUEBRA-CABEÇA DA PISCINA
Virando o quadrado a 45°, você pode acrescentar a ele o dobro de seu tamanho e ainda fazê-lo caber entre as árvores.

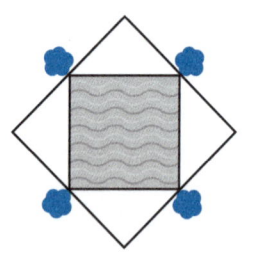

PÁGINA 16: 101 UTILIDADES PARA UMA CANETA SEM TINTA
Alguns usos possíveis são: zarabatana, porta-grampos, medidor de uísque, modelo de uma caneta, caneta de bico de pena, porta-termômetro, semeador, alavanca, coçador de costas, limpador de teclado, pipeta, apito, catapulta, segurador de porta, suporte para cenário, pente, misturador de bebidas, porta-anéis, alça no final de

uma corda, furadeira, utensílio para amassar, isolador, batuta, vara de pescar, baquetas, canudo para beber, apoio para manter uma janela aberta, utensílio para segurar milho-verde quente, suporte para um pincel fino, furador, elástico (use o tubo de tinta flexível), rolo para massas finas.

PÁGINA 68: SAIR DA CAIXA DE NOVO

Aqui estão algumas soluções para o quebra-cabeça de nove pontos, que leva você para além de simplesmente sair da caixa.

Nove pontos com três linhas:

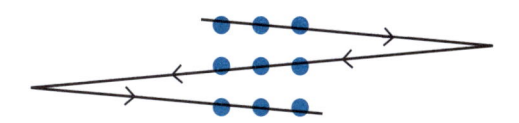

Se os pontos são grandes o suficiente, ou as linhas compridas e finas o suficiente, essa solução em zigue-zague funciona. (Você achou que as linhas sempre tinham que passar pelo centro dos pontos?)

Nove pontos com uma linha:

Com uma caneta bem grossa, uma linha apenas é o suficiente.

Outras soluções possíveis são: enrolar o papel em torno de uma lata e desenhar uma linha diagonal, ou dobrar o papel e perfurá-lo ao fazer os traços. Alguns acham que essa solução não é válida, outros acreditam que é uma saída legítima. Com frequência, os inovadores enfrentam essa questão. Não há resposta correta.

O quebra-cabeça de 16 pontos:

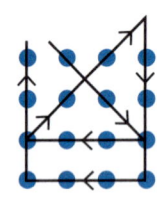

A solução mágica: essa extensão da solução do quebra-cabeça de nove pontos sai do quadrado em duas direções.

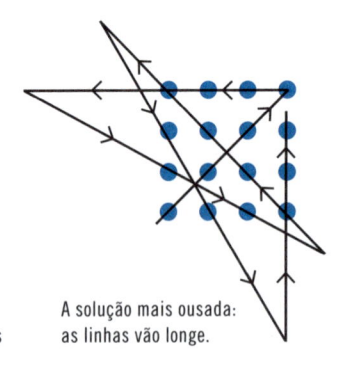

A solução mais ousada: as linhas vão longe.

PÁGINA 69: QUESTÕES QUE CONFUNDEM

1. Os canadenses (como todo mundo) comem menos em fevereiro porque há menos dias nesse mês.
2. Hoje é 1º de janeiro, e o aniversário de Selma é em 31 de dezembro. Dois dias atrás ela ainda tinha 12 anos, ontem ela fez 13, no fim do ano terá 14, e no próximo ano terá 15.
3. A resposta é O. A questão traz as letras iniciais da sequência numérica: "um", "dois", "três", "quatro" e assim por diante.

ÍNDICE

abordagem do "Plano B" 103
acaso, e invenções 96-97
acordo 110, 124-125
"A-há!", momento do 19, 46
ambiente 29-30
analogias 90-91
anotações e rascunhos 95
ansiedade 31, 106
aquecimento para energia mental 78
arrependimento 28
associação de ideias 80-81
assuntos delicados 126
atenção, níveis de 60
atitude de "dê uma chance" 49
atitudes do pensador criativo 20-21, 49
autoconfiança 28-30
avaliação prematura de ideias 35

barreiras ao pensamento criativo 29-30
Beatles 92
bloqueios (ao pensamento criativo) 29-30, 47, 83
"bloqueio de escritor" 47
bloqueios pessoais, identificar 29-30

Blumenthal, Heston 93
Bono, Edward de 51
brainstorming 11, 47, 114-115, 133
brigas 116, 121
Buffy: a caça-vampiros 64

câmera escura 46
caminho de terra batida 26-28, 34
Canaletto 46
cartões de natal, mandar 66
casa, mudar de 28, 67
casamento, planos de 122-123
"101 utilidades para uma caneta sem tinta" (jogo) 16
checklist: dicas para começar 48
círculos viciosos 31, 34, 116-118
círculos virtuosos 118
coisas positivas, identificar 121, 123
colaboração 106-113
começar 47-49
comparar e diferenciar situações 62-63
compromisso 43, 131
concentração 60, 101
confiança 29-30, 31, 42, 44-46

conhecimento, demonstrar 38-39
conversas 116-118
criança
 criatividade de 10, 14-15, 39
 ponto de vista da 54
criatividade 16, 21, 22, 62
 "A-há!", momento do 19, 46
 algumas palavras para 135
 aprender a ser criativo 10-11
 critérios para 23
 protótipos, desenvolver 70-71
 truques 46
criatividade e experiências anteriores 15
criatividade em crianças 10, 14-15, 39, 54
criatividade na vida diária 20, 23
criativos, pensadores 20-21, 135
crise 28, 76
critério dos três "pês para criatividade 23
culpar os outros 36-37

decisões rápidas 28
desafios 44-46, 36-37, 130

desânimo no meio do projeto 132-133
descobertas científicas 71-72
desculpas 29-30, 37
desentendimentos 107, 116-118
detonadores de ideias 76-77
devanear 60
diagrama-aranha 80-81
dificuldades 36-37
diplomacia 124
discussões 106-113, 119-120, 121
distrações 43, 82, 91
Dorothy (*O Mágico de Oz*) 85

Edison, Thomas 19, 82
"efeito Mozart" 78
emoções 125
emprego, trocar de 26-27, 28, 34
energia mental 42, 78
entusiasmo 20, 42, 132
equipe, trabalhar em 112
errar, medo de 30, 134
erros 30, 31
escrita criativa 11, 44-45, 49
especialistas e novas ideias 38
estilo de vida 10-11, 28
estresse 130

Evita (Rice e Lloyd-Webber) 72-73
exagero 89
exercícios
 veja quebra-cabeças, jogos e exercícios
exigências das outras pessoas 43
expectativas enganosas 18
experiências
 Fuller, Buckminster 30
 Leonardo da Vinci 22

Fat Duck (restaurante) 93
feedback 31-34, 111
 negativo 31-34
 positivo 31-34
figuras de linguagem 90-91
Fleming, Alexander 71
flexibilidade 21
força de vontade 34
fraquezas, identificar 21
frustração 19, 26, 90
Fry, Art 73
Fuller, Buckminster 30

Gorman, Dave 96
gráficos 55, 80-81

Holmes, Sherlock 85
Honey, Peter (*Improve Your People Skills*) 119
humor 19, 78, 91, 126-127

ideias 20-21, 58, 60, 80
 alternativas 103, 122
 bobas 110, 127
 combinar 92-94
 combinar com palavras 99-100
 de criança 54
 detonadores de 28, 76-77
 discutir 106-113, 120
 e bloqueios criativos 29
 esboçar 47
 estruturar 80-81
 insatisfação como gatilho para 76-77
 "matar" 38, 116-118, 121
 originais 92
 reações a 35, 111
 registrar 95
 trocar 108-111
imaginação 20-21, 40, 59, 88
Improve Your People Skills (Honey) 119
informação 60, 80
inovação 70-71
insatisfação como gatilho para ideias 76-77
inspiração, momentos de 19
inspiradoras, pessoas 84-85
interação, melhorar 107
intuição 60
invenções 96-97
inverter, maneiras de 67

jargão 54
jogos 49
  jogo do "E se?" 86-87
  Jogo do milhão 94
  jogo dos "opostos" 127
  jogos de estímulo mental, sugestões para 79
  veja também quebra-cabeças, jogos e exercícios

Koestler, Arthur 19, 77
Köhler, Wolfgang 82

lamúrias 36-37
Lennon, John 85
Leonardo da Vinci 22, 23, 46
letras de música, escrever 72-73
Lubitsch, Ernst 84
lugares inspiradores 42

mapas semânticos 80-81
McCartney, Paul 72
medo de errar 30, 44
meio-termo 124-125
metas e objetivos 22, 28, 43, 44, 82, 124
  reforçar 131
  técnica do "eu gostaria" 61
  trabalhar de trás para frente 59
mito da criatividade 10

momentos difíceis, superar 133
motivação 28, 37, 43, 91
Mozart, W. A. 23
mudar de casa 28, 67
múltipla escolha, questões de 17
música, compor 82

"Não chore por mim, Argentina" (Rice e Lloyd-Webber) 72-73
nomes memoráveis 17

"O Grande Fedor" 77
Oasis 92
objetivos
  veja metas e objetivos
opções 103
Opera House de Sydney 70-71
Opiniões alheias 29-30
originalidade 92-93
Osborn, Alex 114
ouvintes, encontrar 83
óxido nitroso (anestésico), descoberta do 71-72

papéis, troca de 84-5, 127
Pauling, Linus 114
penicilina, descoberta da 71
pensadores criativos 20-21, 135

pensamento 80-81
  comunicar 90
  velocidade de 107
pensamento criativo 10-11, 135
  barreiras ao 29-30
  e devaneios 60
  e humor 19, 78, 91
  e imaginação 20-21
  e pensamento lateral 51
  princípio P I A 115
pensamento lateral 51
  exercícios 68-69
  gerar ideias 58
  reformular problemas 52-53
  técnica do "Por quê? Por quê?" 56
perda de peso 34
perfeccionismo 21
perguntas 17, 56-68, 69, 83
Perkin, William 96
personalidade dos pensadores criativos 20-21
P I A, princípio 115
Picasso 23
pior, planejar-se para o 134
planejamento 34, 134
  financeiro 34
pontos de vista alternativos 14-15, 18, 64

Post-It®, invenção do 73
prazos 30, 130-131
pressão 130
prioridades
  explicar 55, 110
  inverter 65-7
  priorizar 59
  reconhecer 59
  reformular 36-37
  veja também
    solucionar problemas
prioridades e experiência anterior 15, 18
prioridades em potencial 134
problemas 53, 58, 82
  veja também
    solucionar problemas
produtos, escolher nomes de 17
programas de perguntas e respostas na tevê 17, 94

quebra-cabeças, jogos e exercícios 17
  "101 utilidades para uma caneta sem tinta" (jogo) 16
  "A-há!", momento do 19, 46
  "Tão fácil quanto o ABC" 15
  exercícios com palavras aleatórias 98-100
  exercícios de pensamento lateral 68-69
  jogo do "E se?" 40-41, 86-87
  jogo dos "opostos" 127
  para realizar tarefas 91
  quebra-cabeças da piscina 14-15
  quebra-cabeças de 16 pontos 68-69
  quebra-cabeças de nove pontos 8-9, 68
  questões de múltipla escolha 17
  questões que confundem 69
  respostas para 136-138
  simplificar 55
  sugestões de jogos de estímulo mental 79
  testes de ligação 63
  veja também
    resolução de problemas

reality shows, televisão 64
resolução de problemas
  abordagem do "plano B" 103
  e jogos irracionais 9
  jogo dos "opostos" 127
  jogo do "E se?" 86-87
  os "três pês" 23
  P I A, princípio 115
  solucionadores famosos 85
  técnica da inversão 67-67, 126
  técnica das palavras aleatórias 98-100
  técnica de inverter de vários jeitos 67
  técnica do "como" 53
  técnica do "eu gostaria" 61
  técnica do "Por quê? Por quê?" 56-57
  testes de ligação 63
  veja também
    quebra-cabeças, jogos e exercícios
responsabilidade, assumir 37
respostas 10, 15
  dos quebra-cabeças 136-138
Rice, Tim 72
riscos, assumir 28, 49, 134
riso e pensamento criativo 78
rotinas 26

segunda opinião, pedir 83
segurança 27
séries de televisão
  ideias para 94
  programas de perguntas e respostas 17, 94

LEITURA COMPLEMENTAR

EDWARDS, Betty *Desenhando com o lado direito do cérebro*. Ediouro, 2003.
FEYNMAN, Richard *What Do You Care What Other People Think?* [O que lhe importa o que os outros pensam?]. Bantam, 1988.
KOESTLER, Arthur *The Act of Creation* [O ato da criação]. Penguin Arkana, 1989.
NOLAN, Vincent *The Innovator's Handbook* [O manual do inovador]. Sphere, 1987.
ROBERTS, R. M. *Descobertas acidentais em ciências*. Papirus Ciência, 1995.
SHERWOOD, Dennis *Unlock Your Mind* [Destrave sua mente]. Gower, 1998.
THARP, Twyla *The Creative Habit* [O hábito criativo]. Simon & Schuster, 2003.

SITE DO AUTOR
Para saber mais sobre Rob Eastaway, acesse www.robeastaway.com (em inglês).

AGRADECIMENTOS
Escrever um livro sobre pensamento criativo tem suas ironias. E se você fica sem ideias? ("Por que não ler o primeiro capítulo do que já escreveu?", sugeriu um amigo, o que me ajudou.) Agradeço em especial a Phill Lowe, por seus muitos insights, e a Richard Harris e Martin Daniels, cujos estilos de *feedback* criativo se complementam perfeitamente. Agradeço também a Collin Mayes, Ed Smith, Michael Haslam, Joanna Griffiths, Chris Healey, Rachel O'Riordan e todos os outros com que troquei ideias.

Aprendi muito ao longo dos anos lendo e falando sobre criatividade. Dois livros, *The Innovator's Handbook*, de Vicent Nolan, e *The Act of Creation*, de Arthur Koestler, tiveram influência particular na formação das minhas ideias. Também estou em dívida com meu eterno mentor Dennis Sherwood, que me deu várias ideias para este livro.

O pensamento criativo é muito mais fácil quando se trabalha com pessoas entusiasmadas e que lhe dão apoio. Obrigado a Charlotte Howard, por colocar o projeto em movimento; a Caroline Ball e Katie John, por serem editoras tão envolvidas e criativas; e a Elaine, não só por todas as suas sugestões criativas, mas também por me deixar passar tanto tempo no escritório enquanto cuidava de Jenna e Adam, que já estão dando sinais de pensamento criativo – obrigado a todos os desafios que isso traz.

reality show 64
Shaw, George Bernard 126
Sherwood, Dennis 35
Silver, Spencer 73
Simpson, Homer 90
soluções, imaginar 55
sonhos, realizar 59
Staël, Madame de 62
status 106-107
sugestões 110, 119-120
suposições, desafiar 9, 66

"Tão fácil quanto o ABC", quebra-cabeças 15
técnicas
  com palavras aleatórias 98-100
  da inversão 65-7, 126
  das palavras aleatórias 98-100
  do "como" 53
  do "eu gostaria" 61
tédio 26
temas 101-102
tempo 10-11, 29-30, 43
tensão durante discussões 119-120, 121
terceira via, encontrar 124-125
testes de ligação 63

Tharp, Twyla 92
The Art of Thought (Wallas) 83
Troca de esposas 64
"truques" para a criatividade 46
tevê *veja* séries de televisão

Utzen, Jørn 70

V22-Osprey 94
Velcro®, invenção do 77
Vermeer 46
voltar atrás 28

Wallas, Graham, *The Art of Thought* 83
Westwood, Vivienne 93
Wilder, Billy 84
Wordsworth, William 90

"Yesterday" (Lennon e McCartney) 72
Yorke, James 103

zonas de conforto 27-28